HERNANDES DIAS LOPES
ARIVAL DIAS CASIMIRO

REVITALIZANDO A IGREJA

Na busca por uma igreja viva, santa e operosa

hagnos

© 2012 Hernandes Dias Lopes & Arival Dias Casimiro

1ª edição: maio de 2012
4ª reimpressão: março de 2023

REVISÃO
Raquel Fleishner
Doris Körber

DIAGRAMAÇÃO
Sandra Oliveira

CAPA
Maquinaria Studio

EDITOR
Aldo Menezes

COORDENADOR DE PRODUÇÃO
Mauro Terrengui

IMPRESSÃO E ACABAMENTO
Imprensa da Fé

As opiniões, as interpretações e os conceitos emitidos nesta obra são de responsabilidade dos autores e não refletem necessariamente o ponto de vista da Hagnos.

Todos os direitos desta edição reservados à
EDITORA HAGNOS LTDA.
Rua Geraldo Flausino Gomes, 42, conj. 41
CEP 04575-060 — São Paulo, SP
Tel.: (11) 5990-3308
E-mail: hagnos@hagnos.com.br
Home page: www.hagnos.com.br

Editora associada à:

Dados Internacionais de Catalogação na Publicação (CIP)
(Câmara Brasileira do Livro, SP, Brasil)

Lopes, Hernandes Dias

Revitalizando a igreja: na busca por uma igreja viva, santa e operosa / Hernandes Dias Lopes, Arival Dias Casimiro. — São Paulo: Hagnos, 2012.

ISBN 978-85-7742-102-2

1. Igreja - Crescimento 2. Missão da igreja 3. Palavra de Deus 4. Reavivamento (Religião) 5. Renovação da igreja I. Casimiro, Arival Dias. II. Título

12-04380   CDD 262.0017

Índices para catálogo sistemático:
1. Igreja : Crescimento e renovação : Cristianismo
262.0017

Dedicatória

DEDICAMOS ESTE LIVRO ao Rev. Marcos Severo, homem de Deus, servo fiel, vaso de honra, plantador de igrejas no sertão brasileiro, exemplo de dedicação à causa do evangelho de Cristo.

Sumário

Prefácio 7

Por: Hernandes Dias Lopes

1. Entendendo a necessidade de revitalização da igreja 11
2. Revitalizando a liderança....................................31
3. Revitalizando a pregação 59

Por: Arival Dias Casimiro

4. Revitalizando a visão celestial 81
5. Revitalizando a missão 97
6. Revitalizando a visitação....................................121

Prefácio

ESCREVER ESTE LIVRO em parceria com Arival Dias Casimiro foi um grande privilégio. E isso, por várias razões. Primeiro, porque sei do compromisso desse distinto pastor com o projeto de revitalização e plantação de novas igrejas. Segundo, porque sua vida e sua lida estão direcionadas a essa sublime causa. Terceiro, porque há dois anos tenho a honra de trabalhar a seu lado, cooperando com a Igreja Presbiteriana de Pinheiros, em São Paulo, igreja pastoreada por ele há mais de uma década.

O assunto que abordamos neste livro é de vital importância para a igreja brasileira. Uma igreja saudável precisa crescer. Uma igreja saudável cresce naturalmente, pois é o corpo vivo de Cristo. No século 21, porém estamos vendo milhares de igrejas morrendo ao redor do mundo, especialmente na Europa e América do Norte. As doenças fatais que têm levado essas igrejas à morte ao redor do mundo estão presentes entre nós também.

Nossa convicção é que a igreja brasileira precisa passar por uma reforma religiosa. Com isso, não estamos sugerindo que a igreja deva buscar as últimas novidades do mercado da fé. Estamos dizendo que a igreja brasileira precisa voltar-se para as Escrituras. Não se trata de uma reforma de métodos, mas uma volta às mesmas verdades essenciais proclamadas na Reforma Protestante do século 16, ou seja, uma volta à doutrina dos apóstolos de Jesus Cristo.

Temos visto, com profundo pesar, muitas igrejas desviando-se da sã doutrina e capitulando diante dos ditames do pragmatismo. Muitos pastores estão vendendo sua consciência e transigindo com a verdade. Muitos líderes estão mercadejando a Palavra de Deus, buscando no evangelho apenas uma fonte de lucro. Temos visto igrejas cheias de pessoas vazias do conhecimento de Deus. Temos visto multidões correndo, sofregamente, atrás de cisternas rotas que não retêm as águas. Temos visto uma igreja-mercado, cujo propósito precípuo é o enriquecimento de seus líderes.

Por outro lado, temos visto muitas igrejas minguando porque foram seduzidas pelo liberalismo teológico. Traídas por uma falsa erudição, renderam-se aos enganos da Antiga Serpente, e abandonaram a confiança na infalível, inerrante e suficiente Palavra de Deus. Todas as igrejas que abraçaram o liberalismo teológico estão morrendo. Foi assim na Europa, está sendo assim nas Américas e será assim em qualquer lugar do mundo. A igreja não tem antídoto para enfrentar o liberalismo. Um pastor liberal jamais vai alimentar o povo de Deus com a Palavra. Uma igreja liberal jamais experimentará reavivamento espiritual. Uma igreja liberal jamais plantará novas igrejas.

Prefácio

Angustia-nos, outrossim, o que ocorre entre algumas igrejas ortodoxas e zelosas da sã doutrina. Mesmo defendendo a sã doutrina, algumas dessas igrejas perderam o fervor espiritual, como aconteceu com as igrejas de Éfeso e Laodiceia. Precisamos não apenas de uma reforma, mas também de reavivamento espiritual. Precisamos não apenas de luz na mente, mas também de fogo no coração.

O livro que você tem em mãos aborda esse assunto de forma clara e direta. E aponta uma saída. A necessidade de revitalizarmos a igreja, a fim de que ela plante novas igrejas saudáveis. Na busca pelo crescimento da igreja, não podemos ser seduzidos pela numerolatria nem pela numerofobia. Jesus não se impressiona com multidões, ele quer discípulos. Jesus não se importa com números, porque por trás dos números existem pessoas por quem ele derramou o seu sangue.

Que Deus nos ajude a caminhar resolutamente nessa direção de termos uma igreja viva, santa e operosa; uma igreja saudável, reavivada e cheia do Espírito; uma igreja que adore a Deus com fervor, que proclama o evangelho com fidelidade e plante novas igrejas com entusiasmo.

Hernandes Dias Lopes

1

Entendendo a necessidade de revitalização da igreja

HERNANDES DIAS LOPES

A IGREJA é um organismo vivo. Ela cresce naturalmente. Se não cresce é porque está doente e, se está doente, precisa ser revitalizada. Uma igreja pode adoecer e até morrer. Há muitas igrejas mortas hoje. Não estou, com isso, dizendo que um indivíduo salvo perde a salvação. Estou dizendo que uma comunidade que abandona a sã doutrina e claudica no testemunho torna-se como sal sem sabor, que para nada mais presta. A Europa, que foi berço da obra missionária e também celeiro de tantos teólogos de referência, é considerada hoje um continente pós-cristão. Menos de 4% da população frequenta uma igreja evangélica. Nos Estados Unidos da América e no Canadá temos visto muitas denominações sucumbirem ao liberalismo teológico e ao secularismo. Milhares de igrejas são fechadas todos os anos. Templos suntuosos, que revelam as glórias de uma igreja viva no passado, estão vazios. Mesmo aquelas denominações que conservam a sã doutrina estão perdendo membros todos os anos. Precisamos de uma reforma e de um reavivamento.

No Brasil, temos visto uma explosão das igrejas neopentecostais. Porém o crescimento numérico dessas comunidades não representa o crescimento saudável da igreja. Na verdade, não é o genuíno evangelho que está crescendo de forma tão colossal no Brasil, mas um evangelho híbrido, sincrético, outro evangelho. Tanto o liberalismo como o sincretismo religioso matam a igreja. Ambos afastam o povo da verdade. O liberalismo tira da Escritura o que ela contém e o sincretismo acrescenta a ela o que nela não pode ser inserido.

Precisamos buscar o crescimento saudável da igreja. Não devemos nos contentar com grandes ajuntamentos. Jesus nunca se impressionou com as multidões que o seguiam apenas à cata de um milagre. Jesus não busca admiradores, ele quer discípulos.

SINAIS DE UMA IGREJA QUE PRECISA SER REVITALIZADA

Quais são os sinais de fraqueza de uma igreja? Como podemos diagnosticar as doenças que levam uma igreja à morte? Quando uma igreja precisa ser revitalizada?

Em primeiro lugar, uma igreja precisa ser revitalizada quando ela perde sua integridade doutrinária. Mesmo o Brasil sendo hoje o maior produtor de Bíblias do mundo, temos uma igreja analfabeta da Bíblia. Muitos púlpitos sonegam ao povo o pão nutritivo da verdade. Muitos pregadores oferecem ao povo a palha seca de suas ideias em vez de oferecer ao rebanho de Deus o rico cardápio das Escrituras. Movidos pelo pragmatismo, muitos pregadores pregam o que o povo quer ouvir e não que o precisa ouvir. Pregam para entreter o povo e não para levá-lo ao arrependimento. Pregam sobre prosperidade na terra e não sobre as riquezas do céu. Pregam sobre os direitos do homem e não sobre a graça imerecida de Deus. Pregam uma panaceia para acalmar as dores do agora e não sobre a salvação eterna. A igreja evangélica brasileira precisa voltar ao antigo evangelho, ao evangelho da cruz. Os pregadores precisam voltar a pregar sobre arrependimento, novo nascimento, justificação pela fé, regeneração, santificação, vida eterna, juízo vindouro. A única possibilidade de cura para uma igreja doente é dar a ela uma dieta balanceada da mesa farta de Deus. Devemos anunciar todo o desígnio de Deus. Como mordomos de Deus, não podemos reter o alimento aos seus filhos.

Em segundo lugar, uma igreja precisa ser revitalizada quando suas reuniões de oração estão agonizando. Uma igreja forte caminha de joelhos. Uma igreja viva anseia por Deus mais do que pelas bênçãos de Deus. Intimidade com Deus é mais importante do que trabalho para Deus. Vida com Deus precede trabalho para Deus. A obra de Deus não é um substituto do Deus da obra. Nunca houve avivamento espiritual sem despertamento para oração. Quando a igreja ora, Deus trabalha por ela, nela e através dela. O poder não vem como resultado dos nossos métodos, mas como resposta à oração. Deus não unge métodos, Deus unge homens de oração. Os dias mais vigorosos da igreja foram os tempos em que o povo de Deus associou oração e Palavra.

Em terceiro lugar, uma igreja precisa ser revitalizada quando a comunhão dos crentes torna-se um fim e não um meio. A igreja não vive para si mesma. Não abastece a si mesma para gastar toda a sua energia consigo. A igreja que não evangeliza precisa ser evangelizada. A igreja é um corpo missionário ou um campo missionário. Comunhão sem missão é falta de visão dos campos que estão brancos para a ceifa.

Em quarto lugar, uma igreja precisa ser revitalizada quando o secularismo invade suas portas. Alguém disse com razão: "Eu fui procurar a igreja e a encontrei no mundo; fui procurar o mundo e o encontrei na igreja". Em vez de ser luz no mundo, a igreja tem-se conformado ao mundo, sendo amiga do mundo, amando o mundo e sendo julgada com o mundo. Uma igreja que parece sal insípido precisa ser revitalizada. Uma igreja mundana precisa de um sopro de alento do alto. Uma igreja cujos membros se apartam da pureza do evangelho precisa ser trazida de volta ao evangelho da graça.

Em quinto lugar, uma igreja precisa ser revitalizada quando os crentes buscam as bênçãos de Deus em vez do Deus das bênçãos. Nossa geração mudou o eixo do evangelho. A pregação contemporânea e as músicas evangélicas não falam mais da soberania de Deus na salvação, mas nos direitos do homem. Não é mais a vontade de Deus que precisa ser feita na terra, mas a vontade do homem que precisa prevalecer no céu. A pregação contemporânea está focada no homem e não em Deus. Não é mais o homem que está a serviço de Deus, mas Deus é quem está a serviço do homem. Colocamos as coisas de ponta-cabeça.

Em sexto lugar, uma igreja precisa ser revitalizada quando ela deixa de plantar novas igrejas. Temos visto igrejas morrendo por comer demais sem gastar essa energia na obra. Igrejas que não saem do lugar, ao longo de décadas. Igrejas que nunca geraram filhas espirituais. Igrejas que investem todos os seus recursos em si mesmas, no seu deleite, no seu conforto, mas jamais iniciaram um ponto de pregação, jamais começaram uma congregação, jamais plantaram uma nova igreja. Multiplicamo-nos ou morremos.

Em sétimo lugar, uma igreja precisa ser revitalizada quando as formas rígidas tomam o lugar da essência do evangelho. O cristianismo não é uma coleção de regras, mas um relacionamento vivo com o Deus vivo. Não podemos relativizar a verdade nem engessar os métodos. A mensagem é imutável, mas os métodos podem e devem se adequar ao seu tempo.

OLHANDO NO RETROVISOR

Os tempos tenebrosos da perseguição haviam chegado. As nuvens escuras da opressão já se formavam no horizonte. O império romano estava vivendo tempos de grande tensão desde que Nero subiu ao poder em 54 d.C. Em 64 d.C., o imperador Nero colocou fogo em Roma, a capital do império, e vestido de ator, subiu ao alto da torre de Mecenas, de onde assistiu ao terrível espetáculo das chamas lambendo a cidade dos Césares. Foram seis dias e sete noites de devastador incêndio. Nero queria uma cidade mais moderna. Por isso, destruiu a capital para reconstruí-la a partir das cinzas. Dos quatorze bairros de Roma, dez foram devastados pelas chamas. Os quatro bairros restantes eram densamente povoados por cristãos e judeus. Isso deu a Nero um álibi para colocar a culpa do incêndio criminoso nos cristãos. A partir daí, uma brutal perseguição contra os cristãos foi desencadeada.

Muito sangue foi derramado. Os crentes eram enrolados em peles de animais e jogados nas arenas para os cães morderem, os touros pisarem e os leões esfaimados da Líbia devorarem. Os crentes eram amarrados e queimados em praça pública para iluminarem as noites de Roma. Os crentes eram mortos a pauladas, afogados e torturados com crueldade. A insanidade do imperador foi tanta que naquela época faltou madeira para fazer cruz, tamanha era a quantidade de crentes crucificados na cidade imperial.

Em 66 d.C., estourou uma revolução na Palestina em virtude de problemas religiosos entre judeus e gregos. O imperador enviou para lá o general Tito Vespasiano para estancar a revolução. Por volta do ano 67 d.C., Paulo é condenado à morte em Roma e degolado. Segundo a tradição Pedro foi crucificado de cabeça para baixo. Todos os demais apóstolos foram igualmente martirizados em outros recantos do império. No ano 68 d.C., o senado romano pressiona Nero; ele foge de Roma e ceifa sua própria vida. No ano 70 d.C., Tito destrói Jerusalém e dispersa judeus e cristãos pelo mundo. Em 86 d.C., Domiciano assume o governo de Roma. Foi chamado de "o segundo Nero". Foi o primeiro imperador a arrogar para si o título de "Senhor e Deus". Foi este perseguidor implacável que deportou o apóstolo João, único sobrevivente do colégio apostólico, então pastor em Éfeso, para a ilha de Patmos.

O propósito de Domiciano era calar a voz do último apóstolo de Cristo. Encerrando-o naquela inóspita e vulcânica ilha, fechou todas as portas da terra. Nesse momento, porém, Deus abriu-lhe uma porta no céu. Quando a história parecia caminhar para um desatino inexplicável, Deus abriu as cortinas do futuro e revelou não as coisas que poderiam acontecer, mas as coisas que vão acontecer. Por mais sombria que seja a realidade presente, a história não caminha rumo ao desastre, mas para uma consumação final e gloriosa. O mal não triunfará sobre o bem. A mentira não prevalecerá sobre a verdade. A vitória será de Cristo e de sua igreja.

Cristo mostrou a João não apenas as coisas que poderiam acontecer, mas as coisas que vão acontecer. Mesmo naquele sombrio tempo de perseguição, Deus estava no trono e o Cordeiro tinha o livro da História em suas mãos. Era um dia de domingo, quando o Cristo glorificado apresentou-se a João na ilha de Patmos. João ouviu atrás de si uma voz de trombeta, dizendo: "Escreve em um livro o que vês e envia-os às setes igrejas da Ásia: Éfeso, Esmirna, Pérgamo, Tiatira, Sardes, Filadélfia e Laodiceia". Quando João voltou-se para ver quem falava com ele, não viu Jesus, mas viu os sete candeeiros de ouro, símbolo das sete igrejas e no meio das igrejas, um semelhante a um ser humano. Na verdade só podemos ver Cristo no meio da sua igreja. A igreja é o corpo vivo de Cristo na terra.

João não vê o Cristo humilhado, surrado, esbordoado e cuspido que foi pregado na cruz, mas o Cristo glorificado. Seus cabelos eram brancos como a neve. Seus olhos, como chamas de fogo. Sua voz ressoava como o som de muitas águas. Seus pés eram como de bronze polido e seu rosto brilhava como sol em seu fulgor. Quando João viu o Cristo da glória, caiu como morto a seus pés. Mas Jesus colocou sobre ele a mão direita e lhe disse: "Não temas, eu sou o primeiro e o último. Eu sou o que vive; fui morto, mas agora estou vivo, vivo para todo sempre e tenho as chaves da morte e do inferno".

João viu Jesus não apenas entre as igrejas (Apocalipse 1:13), mas andando no meio da igreja (2:1). Jesus anda no meio da igreja para sondá-la, exortá-la, repreendê-la, discipliná-la e encorajá-la. Ele é o dono da igreja, o Salvador da igreja e o Senhor da igreja.

Para cinco das sete igrejas (Éfeso, Tiatira, Sardes, Filadélfia e Laodiceia) Jesus usou a mesma expressão: "Conheço tuas obras". Jesus conhece você e conhece o que você faz. Aquilo que você fez e seu cônjuge não ficou sabendo, Jesus sabe. Aquilo que você fez às ocultas Jesus conhece. Nada fica oculto diante Daquele cujos olhos são como chamas de fogo.

Para a igreja de Esmirna, uma igreja sofrida por causa da pobreza e da perseguição, Jesus diz: "Conheço tua tribulação e tua pobreza". Jesus conhece nossas dores e nossas necessidades. Conhece nossas angústias, nossas noites indormidas e nossas madrugadas insones. Jesus conhece nossas limitações e nossas carências.

Para a igreja de Pérgamo, grande centro urbano, onde estava instalado o templo de Esculápio, o deus da cura, simbolizado por uma serpente, e onde estava instalado o primeiro templo de adoração do imperador romano na Ásia, Jesus diz: "Sei onde habitas, onde está o trono de Satanás". Jesus conhece o lugar onde a igreja está estabelecida. Jesus conhece nossa vida, nossas circunstâncias e a geografia de onde estamos estabelecidos.

Quando Jesus examinou essas sete igrejas da Ásia, elogiou duas delas sem fazer qualquer censura: as igrejas de Esmirna e de Filadélfia. Essas duas igrejas eram as mais pobres e mais fracas igrejas da Ásia. Jesus disse que a igreja de Esmirna era pobre e a igreja de Filadélfia era fraca. Muitas vezes temos uma concepção errada do que seja uma igreja rica e do que seja uma igreja forte. Para a pobre igreja de Esmirna, Jesus disse que ela era rica e para a fraca igreja de Filadélfia, Jesus disse que ele tinha colocado diante dela uma porta aberta que ninguém podia fechar.

A quatro das sete igrejas Jesus fez elogios e censuras, a saber, as igrejas de Éfeso, Pérgamo, Tiatira e Sardes. Éfeso tinha doutrina, mas não amor; Tiatira tinha amor, mas não doutrina. Doutrina sem amor não agrada a Cristo, nem amor sem doutrina. Pérgamo estava abrindo suas portas para as falsas doutrinas dos nicolaítas e também dando guarida às doutrinas de Balaão, enquanto Tiatira estava tolerando a falsa profetisa Jezabel. Sardes tinha nome de uma igreja viva, mas estava morta. Apenas uns poucos membros ainda conservavam suas vestiduras incontaminadas.

UMA IGREJA QUE PRECISAVA SER REVITALIZADA

Jesus faz apenas censuras à igreja de Laodiceia e nenhum elogio. Curiosamente, essa era a mais rica igreja da Ásia Menor. De fato, aquilo que impressiona os homens não impressiona a Jesus. Aquilo que arranca aplausos na terra nem sempre é aprovado pelo céu.

A igreja de Laodiceia tinha prosperidade, ortodoxia e ética, mas estava causando náuseas em Jesus. Vamos nos deter um pouco sobre a vida dessa igreja opulenta da Ásia Menor e tirar algumas lições para nós, com vistas à revitalização da igreja contemporânea.

Destacamos, à guisa de introdução, a posição de Jesus em relação a essa igreja. Jesus é fiel e relevante. Ele lê o texto e o contexto. Ele não dá respostas a perguntas que o povo não está fazendo. Ele começa exatamente onde estamos. Talvez você já tenha se perguntado por que Jesus usou as figuras de água quente, fria e morna. Ou porque Jesus usou a figura do ouro, das vestes e do colírio ao dirigir-se a essa rica igreja.

Antes de dirigir-se à igreja, Jesus demonstrou conhecimento da geografia onde a igreja estava estabelecida. Laodiceia era a mais rica cidade do vale do rio Lico, a região mais fértil da Ásia. Naquela região havia três cidades: Hierápolis, Colossos e Laodiceia. Hierápolis era mundialmente famosa pelas suas águas quentes, que brotavam das rochas calcárias brancas e desciam pelo castelo de algodão, formando piscinas naturais de águas quentes, para onde afluíam pessoas de todos os cantos em busca de banhos terapêuticos. Já a cidade que ficava do outro lado, Colossos, era famosa por suas fontes de águas geladas, também terapêuticas, e recebia milhares de pessoas todos os dias de todos os recantos da Ásia. Laodiceia, a maior dessas três cidades, não tinha fontes de águas. As águas que chegavam a esse grande centro urbano vinham das montanhas, através de aquedutos. As águas chegavam a Laodiceia mornas e tépidas, impróprias para beber e sem nenhum efeito terapêutico. Jesus apanha esse gancho da geografia para dizer à igreja de Laodiceia que ela era semelhante às águas que chegavam à cidade, morna. Jesus chegou a exclamar: "Quem dera fosses quente (como as águas de Hierápolis) ou fria (como as águas de Colossos). Mas, porque és morna (como as águas de Laodiceia) estou a ponto de vomitar-te da minha boca".

Por que Jesus usou a figura do ouro refinado pelo fogo? Porque Laodiceia era o maior centro bancário da Ásia Menor. Todo o ouro produzido na região era refinado em Laodiceia e dali comercializado para todo o império. A cidade era tão rica que, no ano 46 d.C., mesmo depois de ser destruída por um terremoto avassalador, foi reconstruída sem recursos do império. Os homens endinheirados de Laodiceia levantaram a cidade das cinzas. Jesus mostra que a igreja, apesar de rica de bens materiais, era pobre espiritualmente. A carta de Jesus à igreja de Laodiceia desbanca a teologia da prosperidade. A igreja mais rica da Ásia era a pobre aos olhos de Cristo.

Por que Jesus usou a figura das vestes alvas? Porque Laodiceia era o maior centro têxtil da Ásia Menor. A cidade estava cheia de fábricas de tecidos. A lã negra era muito famosa e de Laodiceia era exportada para o resto do mundo. A cidade se orgulhava de suas muitas fábricas. Jesus, porém, destacou que embora a cidade vestisse o mundo com suas roupas, vivia espiritualmente nua.

Por que Jesus usou a figura do colírio? Porque Laodiceia era o maior centro oftalmológico da Ásia. A cidade tinha o mais avançado tratamento para as doenças dos olhos. Ali se produzia o pó frígio, um remédio quase milagroso para o tratamento das doenças oculares. Jesus diz para a igreja que, embora estivesse numa cidade desenvolvida na área da medicina e tivesse os mais avançados tratamentos na área oftalmológica, estava espiritualmente cega.

Pensando na questão da revitalização da igreja, destacaremos três pontos importantes acerca da igreja de Laodiceia.

Em primeiro lugar, *um diagnóstico preciso* (Apocalipse 3:15-17). Antes de dar um diagnóstico preciso acerca da real situação da igreja de Laodiceia, vale destacar o que Jesus não identificou na igreja. Primeiro, Jesus não viu na igreja de Laodiceia nenhum sinal de heresia. Não há qualquer denúncia de que a igreja estivesse acolhendo falsos apóstolos, pregando falsas doutrinas. Não ouvimos falar de heresias nessa igreja. As doutrinas de Balaão e os falsos ensinos de Jezabel estavam longe dessa igreja. A igreja de Laodiceia é uma igreja ortodoxa. Segundo, Jesus não viu na igreja de Laodiceia nenhum problema moral. Não há qualquer censura acerca da vida moral dos crentes, como vemos nas igrejas de Pérgamo, Tiatira e Sardes. Era uma igreja ética. Terceiro, Jesus não viu na igreja de Laodiceia nenhuma pobreza material como viu nas igrejas de Esmirna e Filadélfia. A igreja era próspera. Finalmente, Jesus não vê nessa igreja nenhum sinal de perseguição como identificara na igreja de Pérgamo. A igreja vivia em paz. Em outras palavras, Laodiceia era uma igreja ortodoxa, ética, próspera e tranquila. Mesmo assim, foi a igreja que recebeu a maior censura de Jesus. E por quê? Porque lhe faltou fervor espiritual. A igreja estava morna, insípida, insossa, sem fervor espiritual.

Uma igreja sem fervor espiritual provoca náuseas em Jesus em vez de ser o seu deleite. Uma igreja pode ter doutrina certa e ainda assim lhe faltar fervor. Pode ter a vida certa e ainda assim lhe faltar fervor. Pode ter riqueza e paz e ainda assim lhe faltar fervor. Precisamos pedir ao Espírito Santo que sopre sobre nós, removendo as cinzas e fazendo acender novamente as brasas. Precisamos de fervor espiritual!

Em segundo lugar, *um apelo urgente* (Apocalipse 3:18-20). Depois de fazer o diagnóstico, Jesus faz um apelo veemente à igreja. Mesmo sendo Senhor e dono da igreja, em vez de dar ordens, prefere dar conselhos. Aproxima-se da igreja como um mercador, que tem produtos a vender. Os produtos são vitalmente necessários, mas o preço é de graça. Vale ressaltar que a solução para uma igreja que perdeu o fervor espiritual não é recorrer às novidades do mercado da fé, mas voltar-se para Jesus. Equivocam-se aqueles que buscam novidades estranhas às Escrituras para restaurar o fervor espiritual. Essa revitalização não é alcançada mediante os variados métodos que engendramos. A revitalização da igreja é obra de Jesus e está focada em Jesus. O próprio Senhor da igreja é o remédio para uma igreja doente.

Jesus oferece à igreja de Laodiceia ouro puro, vestes alvas e colírio para ungir os olhos. A riqueza de que a igreja precisa não é a riqueza material. Esta nós a temos com abundância; necessitamos da riqueza espiritual, daquela que vem do céu para colocar a igreja de pé e fazer dela um vaso de honra nas mãos do Senhor. Precisamos de vestes alvas, símbolo da justiça e da santidade. A maior necessidade da igreja é salvação e santidade. Precisamos de visão restaurada para compreendermos qual é a boa, agradável e perfeita vontade de Deus. Precisamos do colírio que só Jesus pode nos dar.

Jesus faz uma declaração e dá uma ordem. Jesus deixa claro que ele corrige e repreende aqueles a quem ama. Mesmo que a igreja esteja sem fervor, ele não desiste dela. Agora, porém, exige da igreja arrependimento. Não há revitalização da igreja sem arrependimento sincero e profundo. A igreja precisa voltar ao primeiro amor. Precisa voltar à fonte. Precisa de reavivamento espiritual.

Jesus dá um passo a mais e revela seu propósito de ter intimidade com a igreja, dizendo: "Estou à porta e bato; se alguém ouvir a minha voz e abrir a porta, entrarei em sua casa e cearei com ele e ele comigo" (Apocalipse 3:19). É muito triste pensar numa igreja em que Jesus ainda esteja do lado de fora. Que Jesus nos convide a cear com ele já é algo maravilhoso; mas que ele queira cear conosco, aí é graça indizível.

Em terceiro lugar, "uma promessa gloriosa" (Apocalipse 3:14, 21,22). No versículo 14, Jesus mostra que tem autoridade para fazer promessas à igreja. Isso porque ele é o "Amém, a testemunha fiel e verdadeira, o princípio da criação de Deus". Jesus é a palavra final de Deus, o Alfa e o Ômega. Ele é fiel, sua palavra não pode falhar e ele vela pela sua palavra em cumpri-la. Ele é o criador do universo, aquele que trouxe à existência as coisas que não existiam. Se do nada ele tudo criou, então ele tem autoridade para restaurar a igreja e revitalizá-la.

Jesus promete que o vencedor se assentará com ele no seu trono, assim como ele mesmo venceu e se assentou com o Pai no trono. Aqueles que tiverem comunhão com Cristo na intimidade da mesa, assentar-se-ão com Cristo publicamente no seu trono. A comunhão da mesa é íntima; a glorificação do trono é pública.

No mês de julho de 2011, estive visitando essa região da antiga Ásia Menor, hoje Turquia. Visitei cada uma das sete igrejas da Ásia Menor. Todas essas igrejas morreram. O que resta dessas igrejas é apenas um montão de pedras e ruínas. Por que essas sete igrejas da Ásia Menor morreram? Porque elas não ouviram o que Espírito lhes disse.

Dessas sete igrejas restam apenas ruínas de um passado glorioso que se foi. As glórias daquele tempo distante estão cobertas de poeira e sepultadas debaixo de pesadas pedras. Hoje, nessa mesma região, menos de 1% da população é de cristãos. Diante disso, uma pergunta lateja em nossa mente: o que faz uma igreja morrer? Quais são os sintomas da morte que ameaçam as igrejas hoje?

Os sinais da morte de uma igreja

Como podemos saber que uma igreja está na iminência de morrer? Quais são esses sinais de morte? Vamos observar esses sinais à luz das sete igrejas da Ásia Menor. Essas igrejas estão há quase dois mil anos de nós, mas as causas que as levaram à morte são as mesmas ainda hoje.

A morte de uma igreja acontece quando ela se aparta da verdade. Algumas igrejas da Ásia Menor foram ameaçadas pelos falsos mestres e suas heresias. Foi o caso das igrejas de Pérgamo e Tiatira, que deram guarida à perniciosa doutrina de Balaão e se corromperam tanto na teologia como na ética. Uma igreja não tem antídoto para resistir à apostasia e à morte quando a verdade é abandonada. Temos visto esses sinais de morte em muitas igrejas na Europa, América do Norte e também no Brasil. Algumas denominações históricas renderam-se tanto ao liberalismo como ao misticismo, abandonado a sã doutrina. O resultado inevitável foi o esvaziamento dessas igrejas por um lado ou o seu crescimento numérico por outro, mas um crescimento sem compromisso com a verdade e com a santidade.

A morte de uma igreja acontece quando ela se mistura com o mundo. A igreja de Pérgamo estava dividida entre sua fidelidade a Cristo e seu apego ao mundo. A igreja de Tiatira tolerava a imoralidade sexual entre seus membros. Na igreja de Sardes não havia heresia nem perseguição, mas a maioria dos crentes estava com suas vestiduras contaminadas pelo pecado. Uma igreja que flerta com o mundo para amá-lo e conformar-se com ele não permanece. Seu candeeiro é apagado e removido.

A morte de uma igreja acontece quando ela não discerne sua decadência espiritual. A igreja de Sardes olhava-se no espelho e dava nota máxima para si mesma, dizendo ser uma igreja viva, enquanto aos olhos de Cristo já estava morta. A igreja de Laodiceia considerava-se rica e abastada, quando na verdade era pobre e miserável. O pior doente é aquele que não tem consciência de sua enfermidade. Uma igreja nunca está tão à beira da morte como quando se vangloria diante de Deus pelas suas pretensas virtudes.

A morte de uma igreja acontece quando ela não associa a doutrina com a vida. A igreja de Éfeso foi elogiada por Jesus pelo seu zelo doutrinário, mas foi repreendida por ter abandonado seu primeiro amor. Tinha doutrina, mas não vida; ortodoxia, mas não ortopraxia; teologia boa, mas não vida piedosa. Jesus ordenou à igreja que se lembrasse de onde tinha caído, se arrependesse e voltasse à prática das primeiras obras. Se a doutrina é a base da vida, a vida precisa ser a expressão da doutrina. As duas coisas não podem viver separadas. Uma igreja viva tem doutrina e vida, ortodoxia e piedade.

A morte de uma igreja acontece quando lhe falta perseverança no caminho da santidade. As igrejas de Esmirna e Filadélfia foram elogiadas pelo Senhor e não receberam nenhuma censura. Mas, num dado momento, nas dobras do futuro, essas igrejas também se afastaram da verdade e perderam sua relevância. Não basta começar bem, é preciso terminar bem. Falhamos, muitas vezes, em passar o bastão da verdade para a próxima geração. Um recente estudo revela que a terceira geração de uma igreja já não tem mais o mesmo fervor da primeira geração. É preciso não apenas começar a carreira, mas terminar a carreira e guardar a fé! É tempo de pensarmos: como será nossa igreja nas próximas gerações? Que tipo de igreja deixaremos para nossos filhos e netos? Uma igreja viva ou igreja morta?

2

Revitalizando a liderança

Hernandes Dias Lopes

A CRISE AVASSALADORA que atinge a sociedade também alcança a igreja. Embora estejamos assistindo a uma explosão de crescimento da igreja evangélica brasileira, não temos visto a correspondente transformação na sociedade. Muitos pastores, no afã de buscar o crescimento de suas igrejas, abandonam o genuíno evangelho e capitulam diante do pragmatismo prevalecente da cultura pós-moderna. Buscam não a verdade, mas o que funciona; não o que é certo, mas o que dá certo. Pregam para agradar aos seus ouvintes e não para levá-los ao arrependimento. Pregam o que eles querem ouvir e não o que eles precisam ouvir. Pregam um outro evangelho, um evangelho antropocêntrico, de curas, milagres e prosperidade, e não o evangelho da cruz de Cristo. Pregam não todo o conselho de Deus, mas doutrinas engendradas pelos homens. Pregam não as Escrituras, mas as revelações de seus próprios corações.

O resultado desse semievangelho é que muitos pastores e pregadores passam a fazer do púlpito um balcão de negócios, uma praça de barganhas, onde as bênçãos e os milagres de Deus são comprados por dinheiro. Outros passam a governar as ovelhas de Cristo com dureza e rigor. Encastelam-se no topo de uma teocracia absolutista e rejeitam ser questionados. Exigem de seus fiéis uma obediência subserviente e cega. O resultado é que o povo de Deus perece por falta de conhecimento e de paradigmas.

A crise teológica e doutrinária deságua na crise moral. Nessa perda de referenciais, muitos líderes têm caído nas armadilhas insidiosas do sexo, do poder e do dinheiro. A crise moral na vida de muitos pastores brasileiros tem sido um terremoto avassalador. Muitos ministros do evangelho, que eram considerados modelos e paradigmas para suas igrejas, têm sucumbido na vida moral. Muitos líderes de projeção nacional têm naufragado no casamento. Não poucos são aqueles que têm dormido no colo das Dalilas e acordado como Sansão, sem poder, sem dignidade, sem autoridade, ficando completamente subjugados nas mãos do inimigo. A cada ano cresce o número de pastores que soçobram no ministério por causa de sexo, dinheiro e poder. É assustador o número de pastores que estão no ministério, subindo ao púlpito a cada domingo, exortando o povo de Deus à santidade, combatendo tenazmente o pecado e ao mesmo tempo vivendo uma duplicidade, uma mentira dentro de casa, sendo maridos insensíveis e infiéis, pais autocráticos e sem nenhuma doçura com os filhos. Há muitas esposas de pastor vivendo o drama de ter um marido exemplar no púlpito e um homem intolerante dentro de casa. Há muitos pastores que já perderam a unção e continuam no ministério sem chorar pelos seus próprios pecados. Não são poucos aqueles que, em vez de alimentar o rebanho de Cristo, têm apascentado a si mesmos. Em vez de proteger o rebanho dos lobos vorazes, são, eles mesmos, lobos vestidos de toga. Charles Spurgeon dizia que um pastor infiel é o pior agente de Satanás dentro da igreja.

O número de pastores e líderes que estão abandonando o lar, renegando os votos firmados no altar, divorciando-se por motivos banais, não permitidos por Deus, e casando-se novamente é estonteante. Esta perda de referencial é como um atentado terrorista contra a igreja de Deus. Ela produz perdas irreparáveis, sofrimento indescritível, choro inconsolável e feridas incuráveis. O pior é que o nome de Deus é blasfemado entre os incrédulos por causa desses escândalos.

A classe pastoral está em crise. Crise vocacional, crise familiar, crise teológica, crise espiritual. Quando os líderes estão em crise, a igreja também fica em crise. A igreja reflete os seus líderes. Não existem líderes neutros. Eles são uma bênção para o crescimento da igreja ou um entrave para o crescimento.

A crise pastoral é refletida diretamente no púlpito. Estamos vendo o empobrecimento dos púlpitos. Poucos são os pastores que se preparam convenientemente para pregar. Pregadores rasos e secos pregam sermões sem poder para auditórios sonolentos. Há muitos pastores também que só preparam a cabeça, mas não o coração. São cultos, mas vazios. São intelectuais, mas áridos. Têm luz, mas não têm fogo. Têm conhecimento, mas não têm unção. Se quisermos um reavivamento genuíno na igreja evangélica brasileira, os pastores são os primeiros a terem de acertar suas vidas com Deus. Quando o pastor é um graveto seco que pega o fogo do Espírito, até lenha verde começa a arder.

É tempo de orarmos por um reavivamento na vida dos pastores. É tempo de pedirmos a Deus que nos dê pastores segundo o seu coração. Precisamos de homens de Deus no púlpito. Precisamos de homens cheios do Espírito, de homens que conheçam a intimidade de Deus. John Wesley dizia: "Dá-me cem homens que não amem ninguém mais do que a Deus e que não temam nada senão o pecado e com eles eu abalarei o mundo." Destacaremos, aqui, alguns pontos importantes sobre a reavitalização da liderança da igreja.

A REVITALIZAÇÃO DA IGREJA VEM COMO RESULTADO DE UMA LIDERANÇA PIEDOSA

A pregação jamais pode ser divorciada do pregador. Não é suficiente ser um pregador erudito. É preciso ser um pregador piedoso. A vida do pregador é a vida de sua pregação. O pregador precisa ter uma vida coerente com o que prega. Não podemos separar academia de piedade. O sermão mais eloquente do pregador é sua vida. Sua vida fala mais alto do que seus sermões. Não somos o que falamos, somos o que fazemos. Ensinamos mais pelo exemplo do que pelos preceitos. E. M. Bounds descreve esta realidade da seguinte maneira:

> Volumes têm sido escritos ensinando detalhadamente a mecânica da preparação do sermão. Ficamos obcecados com a ideia de que estes andaimes são o próprio edifício. O pregador jovem é ensinado a gastar toda a sua força na forma, estilo e beleza do sermão, como um produto mecânico e intelectual. Como consequência, cultivamos esse equivocado conceito entre o povo, levantando um clamor por talento em vez de graça. Enfatizamos eloquência em vez de piedade, retórica em vez de revelação, fama e desempenho em vez de santidade. O resultado é que perdemos a verdadeira ideia do que seja pregação. Perdemos a pregação poderosa e a pungente convicção de pecado... Com isto não estamos dizendo que os pregadores estão estudando muito. Alguns deles não estudam. Outros não estudam o suficiente. Muitos não estudam a ponto de se apresentar como obreiros aprovados que não têm do que se envergonhar (2Timóteo 2:15). Mas

nossa grande falta não é em relação à cultura da cabeça, mas à cultura do coração. Não é falta de conhecimento, mas falta de santidade.... Não que conheçamos muito, mas não meditamos o suficiente sobre Deus e sua Palavra. Não vigiamos, jejuamos e oramos o suficiente.[1]

Nunca teremos um ministério mais profundo do que nossa vida. A pregação eficaz tem suas raízes no testemunho do pregador. Sem santidade, não há pregação ungida pelo Espírito. Sem devoção, a pregação pode atingir o intelecto, mas não toca o coração. Há muitos pregadores eruditos, mas secos. Há muitos pregadores eloquentes, mas infrutíferos. Há muitos pregadores que têm luz na mente, mas nenhum fogo no coração. Produzem muitos trovões, mas não provocam nenhuma chuva restauradora.

Um ministro do evangelho sem piedade é um desastre. Infelizmente, a santidade que muitos pregadores proclamam é cancelada pela impiedade de sua vida. Há um divórcio entre o que os pregadores proclamam e o que eles vivem. Há um abismo entre o sermão e a vida, entre a fé e as obras. Muitos pregadores não vivem o que pregam. Condenam o pecado no púlpito e o praticam em secreto. Um pregador hipócrita presta

---

[1] BOUNDS, E. M. Power Through Prayer. In *E. M. Bounds on Prayer*. New Kensington, Pennsylvania: Whitaker House (467-521), p. 499.

um desserviço à causa do evangelho. Um ministro infiel está a serviço de Satanás.

Enquanto a vida do ministro é a vida do seu ministério, os pecados do ministro são os mestres do pecado. É uma falta inexcusável no pregador quando os crimes e pecados que ele condena nos outros são justamente os que ele pratica. O apóstolo Paulo evidencia esse grande perigo:

> Tu, pois, que ensinas os outros, não ensinas a ti mesmo? Tu, que pregas que não se deve furtar, furtas? Tu, que dizes que não se deve cometer adultério, adulteras? Tu, que abominas os ídolos, rouba-lhes os templos? Tu, que te glorias na lei, desonras a Deus pela transgressão da lei? Pois, como está escrito, por vossa causa o nome de Deus é blasfemado entre as nações (Romanos 2:21-24).

Richard Baxter diz que os pecados do pregador são mais graves do que os pecados dos demais homens, porque ele peca contra o conhecimento. Ele peca contra mais luz. Os pecados do pregador são mais hipócritas, porque ele fala diariamente contra eles. Mas também os pecados do pregador são mais pérfidos, porque ele se engaja contra eles.[2] O pregador precisa pregar diante

---
[2] BAXTER, Richard. *The Reformed Pastor*. Edinburgh, Pennsylvania: The Banner of Truth Trust, 1999. p. 76-77.

do espelho. Precisa pregar para si mesmo. Antes de cuidar do rebanho de Deus precisa cuidar de si mesmo. Seria completamente monstruoso para um homem ser o mais alto em ofício e o mais baixo em vida espiritual; o primeiro em posição e o último em vida.

É bem conhecido o que disse Stanley Jones, em seu livro *O Cristo de todos os caminhos*, que "o maior inimigo do cristianismo não é o anticristianismo, mas o subcristianismo". O maior perigo não vem de fora, mas de dentro. Não há maior tragédia para a igreja do que um pregador ímpio e impuro no púlpito. Um ministro mundano representa um perigo maior para a igreja do que falsos profetas e falsas filosofias. É um terrível escândalo pregar a verdade e viver uma mentira, chamar o povo à santidade a viver uma vida impura. Um pregador sem piedade é uma contradição, um inaceitável escândalo. Um pregador sem piedade presta um grande desserviço ao Reino de Deus.

O apóstolo João adverte: "Quem afirma estar nele também deve andar como ele andou" (1João 2:6). O apóstolo Paulo dá o seu testemunho: "Sede meus imitadores, como também eu sou de Cristo" (1Coríntios 11:1). Pedro e João disseram para o paralítico que estava mendigando à porta do templo: "Olha para nós" (Atos 3:4). Gideão disse para os seus soldados: "Olhai para mim e fazei como eu fizer" (Juízes 7:17). Em 1Timóteo 6:11-14, Paulo lista quatro marcas de um homem de

Deus. Um homem de Deus deve ser identificado por aquilo do que ele foge, por aquilo que ele segue, por aquilo pelo qual ele luta e por aquilo ao qual ele é fiel. A Bíblia não é um livro que silencia a respeito da necessidade imperativa do caráter íntegro e da profunda piedade do pregador. O apóstolo Paulo adverte o seu filho Timóteo: "Tem cuidado de ti mesmo e do teu ensino" (1Timóteo 4:16).

Um pregador avarento, ganancioso, amante do dinheiro e da fama, que acende holofotes sobre sua própria vida pode até atrair multidões, mas não realiza um ministério para a glória de Deus. Pode até profetizar e fazer milagres, mas não é conhecido por Cristo. Pode expulsar demônios e realizar coisas espantosas aos olhos humanos, mas será eternamente apartado de Cristo. Um pregador que vive na iniquidade em secreto, não pode ser aprovado por Deus, em público, no dia do julgamento.

Estou convencido de que o maior problema da igreja não são as ovelhas, mas os pastores. Como dizia Dwight Moody, os obreiros são o maior problema da obra. Os pregadores são o problema principal da pregação.

No Brasil e ao redor do mundo, muitos pregadores têm caído em terríveis pecados morais, provocando escândalos e produzindo grande sofrimento ao povo de Deus. Catástrofes espirituais, que vão de pastores adúlteros a divórcio na família pastoral, têm se tornado inaceitavelmente frequentes. Charles Colson comenta:

> O índice de divórcio entre os pastores está aumentando mais rápido do que entre outras profissões. Os números mostram que um em cada dez tem tido envolvimento sexual com um membro de sua congregação e 25% tiveram contato sexual ilícito.[3]

A única maneira de viver uma vida pura é guardar puro o coração através da meditação da Palavra (Salmos 119:9). Salomão exorta: "Acima de tudo o que se deve guardar, guarda o teu coração, porque dele procedem as fontes da vida" (Provérbios 4:23). Jó disse ter feito uma aliança com os seus próprios olhos de não fixá-los com lascívia em uma donzela (Jó 31:1).

Um pregador impuro não permanece por muito tempo no ministério sem ser desmascarado. Um pregador jamais será um pessoa neutra. Ele é uma bênção ou uma maldição! Infelizmente, muitos ministros têm somente a aparência de piedade. Eles professam uma fé ortodoxa, mas vivem uma pobre vida espiritual. Não têm vida devocional. Não têm vida de oração. Eles apenas fazem orações rituais e profissionais. Contudo, orações profissionais ajudam apenas a pregação a realizar o seu trabalho de morte. Orações profissionais, diz

---

[3] COLSON, Charles. *The Body*. Waco, Texas: Word Press. 1992.p. 304.

E. M. Bounds, "insensibilizam e matam tanto a pregação quanto a própria oração."[4] É triste dizer que muito poucos ministros têm qualquer hábito devocional sistemático e pessoal. Aquilo que o pastor é de joelhos, em secreto, diante do Deus Todo-poderoso, é o que ele é, e nada mais. A piedade é consequência de uma vida devocional.

A pregação que fracassa hoje, fracassa porque não está enraizada em uma vida devocional profunda por parte dos pregadores. Em geral, o pregador deveria ir da presença de Deus para a presença dos homens. Uma vida santa não é vivida em secreto, mas ela não subsistirá sem oração em secreto. Antes de levantar-se diante dos homens, o pregador deve viver na presença de Deus. Antes de alimentar o povo de Deus, o pregador deve alimentar o seu próprio coração. Antes de pregar ao povo de Deus, o pregador deve aplicar a Palavra de Deus à sua própria vida. A parte mais importante do sermão é o homem atrás dele.

Spurgeon diz que nós somos, em certo sentido, as nossas próprias ferramentas, e portanto devemos guardar-nos em ordem.[5] Martyn Lloyd-Jones comentando sobre Robert Murray McCheyne, da Escócia, no século 19, diz:

---

[4] BOUNDS, E. M. Power Through Prayer. In *E. M. Bounds on Prayer*, p. 476.
[5] SPURGEON, Charles Haddon. *Obra citada*. 1971, p. 1, 282.

É comumente conhecido que quando ele aparecia no púlpito, mesmo antes de ele dizer uma única palavra, o povo já começava a chorar silenciosamente. Por quê? Por causa deste elemento de seriedade. Todos tinham a absoluta convicção de que ele subia ao púlpito vindo da presença de Deus e trazendo uma palavra da parte de Deus para eles.[6]

O próprio Robert Murray McCheyne resume este tópico nestas palavras: "Não é a grandes talentos que Deus abençoa de forma especial, mas à grande semelhança com Jesus. Um ministro santo é uma poderosa e tremenda arma nas mãos de Deus.[7]

A REVITALIZAÇÃO DA LIDERANÇA DA IGREJA VEM POR INTERMÉDIO DA SUA DEDICAÇÃO À ORAÇÃO

O pregador só pode levantar-se diante dos homens, se primeiro se prostrou diante de Deus. Só prevalece na pregação em público, se primeiro prevaleceu na oração em secreto. A profundidade de um ministério é medido não pelo sucesso diante dos homens, mas pela intimidade com Deus.

---

[6] MARTYN LLOYD-JONES, David. *Preaching & Preachers*. Grand Rapids, Michigan: Zondervan Publishing House. 1971, p. 86.
[7] BONAR, Andrew. *Memoirs of McCheyne*. Chicago, Illinois: Moody Press. 1978, p. 95.

Hoje nós gastamos mais tempo com reuniões de planejamento do que em reuniões de oração. Dependemos mais dos recursos dos homens do que dos recursos de Deus. Confiamos mais no preparo humano do que na capacitação divina. Consequentemente, temos visto muitos pregadores eruditos no púlpito, mas ouvido uma imensidão de mensagens fracas. Muitos pregadores pregam sermões eruditos, mas sem o poder do Espírito Santo. Eles têm erudição, mas não têm poder. Eles têm fome por livros, mas não fome de Deus. Eles amam o conhecimento, mas não buscam a intimidade de Deus. Eles pregam para a mente, mas não para o coração. Eles têm uma boa performance diante dos homens, mas não diante de Deus. Eles gastam muito tempo preparando seus sermões, mas não preparando seus corações. A confiança deles está firmada na sabedoria humana e não no poder de Deus.

Homens secos pregam sermões secos e sermões secos não produzem vida. E. M. Bounds afirma que "homens mortos pregam sermões mortos, e sermões mortos matam."[8] Sem oração não existe pregação poderosa. Charles Spurgeon diz: "Todas as nossas bibliotecas e estudos são um mero vazio comparado com a nossa sala de oração. Nós crescemos, lutamos e prevalecemos

---

[8] BOUNDS, E. M. Power Through Prayer. In *E. M. Bounds on Prayer*. 1997, p. 469.

na oração privada."⁹ É no lugar secreto de oração que a batalha é perdida ou ganha. A oração tem uma importância transcendente, porque ela é o mais poderoso instrumento para promover a Palavra de Deus. É mais importante ensinar um estudante a orar do que a pregar.

Antes de falar aos homens, o pregador precisa viver diante de Deus. A oração é o oxigênio do ministério. A oração traz poder e refrigério à pregação. A oração tem mais poder para tocar os corações do que milhares de palavras eloquentes. O profeta Elias viveu na presença de Deus. Ele orou intensa, persistente e vitoriosamente. Em consequência, ele experimentou a intervenção de Deus em sua vida e em seu ministério. A viúva de Sarepta testificou a seu respeito: "Agora sei que tu és homem de Deus e que a palavra do Senhor na tua boca é verdade" (1Rs 17:24). Muitos ministros pregam a Palavra de Deus, mas não são boca de Deus. Eles falam sobre o poder, mas não têm poder em sua vida. Pregam sobre vida abundante, mas não têm vida abundante. Sua vida contradiz sua mensagem.

Muitos pregadores creem na eficácia da oração, mas poucos pregadores oram. Muitos ministros pregam sobre a necessidade da oração, mas poucos ministros oram. Eles leem muitos livros sobre oração, mas não oram. Muitos pregadores estão ocupados demais para orar. Eles têm tempo para viajar, trabalhar, ler,

---

⁹ THIELICKE, Helmut. *Obra citada*. 1963, p. 117.

descansar, ver televisão, falar sobre política, esportes e teologia, mas não gastam tempo orando. Consequentemente, nós temos, às vezes, gigantes do conhecimento no púlpito, mas pigmeus no lugar secreto de oração. Tais pregadores conhecem muito a respeito de Deus, mas muito pouco a Deus.

Pregação sem oração não provoca impacto. Sermão sem oração é sermão morto. Não estaremos preparados para pregar enquanto não orarmos. Se não há grande agonia em nossos corações, não haverá grandes palavras em nossos lábios.

Realizar a obra de Deus sem oração é presunção. Novos métodos, planos e organizações para levar a igreja ao crescimento saudável sem oração não são os métodos de Deus. A igreja está buscando melhores métodos; Deus está buscando melhores homens. E. M. Bounds corretamente comenta:

> O que a igreja precisa hoje não é de mais ou melhores mecanismos, nem de nova organização ou mais e novos métodos. A igreja precisa de homens a quem o Espírito Santo possa usar, homens de oração, homens poderosos em oração. O Espírito Santo não flui através de métodos, mas através de homens. Ele não vem sobre mecanismos, mas sobre homens. Ele não unge planos, mas homens, homens de oração![10]

---

[10] E. M. Bounds. *op. cit.* 1997, p. 468.

Davi Eby ainda tem razão quando exorta: pastor, você deve orar. Orar muito. Orar intensamente e seriamente. Orar com zelo e entusiasmo. Orar com propósito e com determinação. Orar pelo ministério da Palavra entre o seu rebanho e em sua comunidade. Orar pela sua própria pregação. Mobilize e recrute seu povo para orar pela sua pregação. Pregação poderosa não acontecerá à parte da sua própria oração. Oração frequente, objetiva, intensa e abundante é requerida. A pregação torna-se poderosa quando um povo fraco humildemente ora. Esta é a grande mensagem do livro de Atos. O tipo de pregação que produz o crescimento da igreja vem pela oração. Pastor, dedique-se à oração. Continue em oração. Persista em oração por amor da glória de Deus no crescimento da igreja.[11]

Charles Spurgeon via as reuniões de oração das segundas-feiras, no Tabernáculo Metropolitano de Londres, como o termômetro da igreja. Por vários anos, uma grande parte do principal auditório e da primeira galeria estavam completamente cheios nas reuniões de oração. Na concepção de Spurgeon, a reunião de oração era a mais importante reunião da semana. Spurgeon atribuiu o sinal da bênção de Deus sobre o seu ministério em Londres à fidelidade do seu povo orando por ele.

---

[11] Ibidem, p. 44.

Dwight L. Moody, fundador do Instituto Bíblico Moody, geralmente via Deus agindo com grande poder quando outras pessoas oravam pelas suas reuniões na América e além-mar. A. R. Torrey pregou em muitos países e viu grandes manifestações do poder de Deus. Ele disse: "Ore por grandes coisas, espere grandes coisas, trabalhe por grandes coisas, mas, acima de tudo, ore".[12] A oração é a chave que abre todos os tesouros da infinita graça e poder de Deus.

No ano de 1997, juntamente com oitenta pastores brasileiros, visitei a Coreia do Sul, para fazer uma pesquisa sobre o crescimento da igreja. Visitamos onze grandes igrejas em Seul. Igrejas locais que tinham entre dez mil membros e setecentos mil membros. Em todas essas igrejas, testificamos que a principal causa do crescimento foi a intensa vida de oração. Nenhuma igreja evangélica pode ser organizada sem que antes haja uma reunião diária de oração de madrugada. John Piper comenta sobre a igreja coreana:

> Nos últimos anos do século 20, jejum e oração praticamente se tornaram sinônimo das igrejas da Coreia do Sul. E há uma boa razão para isto. A primeira igreja protestante foi plantada na Coreia em 1884. Cem anos depois, havia trinta mil igrejas na Coreia.

---

[12] MARTIN, Roger. *R. A. Torrey, Apostle of Certainty*. Murfreesboro, Tennessee: Sword of the Lord. 1976, p. 166.

Uma média de trezentas novas igrejas foram plantadas a cada ano neste período. No final do século 20, os evangélicos já representavam cerca de 30% da população. Deus usou muitos meios para realizar essa grande obra. Mas os meios mais usados por Deus são a oração e o jejum.[13]

A REVITALIZAÇÃO DA LIDERANÇA VEM POR INTERMÉDIO DO SEU COMPROMISSO COM A PALAVRA

Precisamos urgentemente de um reavivamento no púlpito. Precisamos da revitalização da pregação. Isso passa pela revitalização do pregador. O pregador é um estudante que jamais se forma. O pregador que cessa de aprender cessa de ensinar. Aquele que não semeia nos seus estudos, não irá colher no púlpito. Charles Koller afirma que "um pregador jamais manterá o interesse do seu povo se ele pregar somente da plenitude do seu coração e do vazio da sua cabeça."[14] O pregador não pode viver se alimentando de leite magro durante a semana e pregar puro creme no domingo.

Nenhum pregador pode atender às demandas de um púlpito se ele não estudar de forma constante e séria. O

---

[13] PIPER, John. *op. cit.* 1997, p. 103; Wesley L. Duewel. *Mighty Prevailing Prayer*. Grand Rapids, Michigan: Zondervan/Francis Asbury. 1990, p. 192.

[14] KOLLER, Charles. *How to preach without notes*. Grand Rapids, Michigan: Baker Book House. 2001, p. 44

pregador deve consagrar uma parte específica de cada dia para dedicar-se severa e sistematicamente ao estudo privativo. O pregador precisa estar cheio da verdade de Deus, porque se a mensagem tem um pequeno custo para o pregador, ela também terá um pequeno valor para a congregação. A. W. Criswell dá a sua avaliação sobre a pregação contemporânea:

> Não há dúvida de que a maioria dos sermões tem sido rala, como uma sopa feita usando, o ano inteiro, os mesmos ossos. Muitos pregadores usam clichês vazios de significado. A mensagem de muitos púlpitos é banal e comum. Muitos pregadores estão cansados da sua própria maneira de pregar, visto que eles mesmos não têm fogo, nem entusiasmo, nem zelo, nem expectativa. Nossa pregação precisa alcançar continuamente novas profundidades em graça e em verdade e novas altitudes de frescor em conteúdo. Sem esta firme e consistente apresentação do ensino da santa Palavra de Deus, nosso povo cairá em toda sorte de erro, em muitas conhecidas heresias, e se tornará presa fácil de qualquer demagogia eclesiástica que flutue no mercado religioso.[15]

Muitos pregadores não lidam corretamente com a Palavra de Deus. Muitos até mesmo distorcem a

---
[15] Ibidem, p. 66.

mensagem de Deus. Outros ainda mercadejam as Escrituras. Não poucos furtam a própria Palavra de Deus e pregam filosofias humanas, doutrinas de homens, visões e sonhos de seus próprios corações. Muitos pregadores dão pedra em vez de pão ao povo de Deus. Outros oferecem palha em vez de pastos suculentos para o rebanho de Cristo. Há ainda aqueles que alimentam o povo de Deus com veneno, e não comida, serpente e não peixes.

O Brasil tem experimentado um explosivo crescimento das igrejas evangélicas, especialmente as neopentecostais. Embora muitas pessoas têm sido alcançadas, a maioria delas não recebe um ensino fiel e consistente das Escrituras. Vemos o sincretismo religioso prevalecendo em muitos púlpitos evangélicos. O misticismo prospera largamente no solo brasileiro. Como resultado, temos uma geração analfabeta da Bíblia. Muitas pessoas procuram milagres e coisas extraordinárias, mas não o conhecimento da Palavra de Deus. Elas buscam experiência, mas não conhecimento. Estão obcecadas por prosperidade e cura e não pela salvação. Estão à procura da luz interior, mas não da verdade. As pessoas hoje desejam sentir-se bem, mas não ser confrontadas pela Palavra de Deus. Infelizmente, muitos pregadores que brandem a espada do Espírito não sabem usá-la com destreza. Eles carregam a Bíblia, mas desconhecem o seu conteúdo. Eles pregam a Bíblia, mas torcem a sua mensagem. Eles leem a Bíblia, mas não a interpretam com acuracidade. Eles ensinam a Bíblia, mas apenas para reforçar seus interesses inconfessos. Eles usam a Bíblia contra a Bíblia. Assim, eles pregam não a Bíblia, mas os pensamentos enganosos de seus próprios corações.

Por outro lado, há também pregadores liberais. O liberalismo, fruto do racionalismo e do iluminismo, tem entrado nos seminários, subido às cátedras das escolas de teologia e conduzido milhares de estudantes à apostasia. Estes, arrotando uma falsa erudição, sobem ao púlpito, mas seus lábios destilam veneno mortífero. Sonegam a Palavra de Deus ao povo. Colocam-se acima da Palavra de Deus. Dão mais valor à tresloucada sabedoria humana do que à verdade eterna de Deus. O liberalismo nega a inerrância, a infalibilidade e a suficiência das Escrituras. O liberalismo é um veneno mortífero. Onde ele chega, destrói a igreja. O liberalismo já matou muitas igrejas ao redor do mundo. O liberalismo fechou muitas igrejas. Eu mesmo já visitei muitos templos vazios nos Estados Unidos, Canadá e em vários países da Europa, onde o rebanho de Deus foi disperso por causa do liberalismo teológico. Onde o liberalismo prevalece, a igreja morre. Devemos rejeitar e combater o liberalismo com todas as nossas forças. Tanto o misticismo quanto o liberalismo são perniciosos. Ambos devem ser confrontados com a Palavra de Deus. Ambos se desviaram das Escrituras. Ambos são um estorvo para o crescimento saudável da igreja.

Mais do que nunca estamos precisando retornar ao princípio da Reforma do *Sola Scriptura*. A Palavra de Deus é eterna. Ela não muda. Ela não se torna ultrapassada nem desatualizada. Ela foi o instrumento que Deus usou para trazer grandes reavivamentos na História. A Palavra de Deus produziu a reforma nos dias do rei Josias. Semelhantemente, a Palavra de Deus trouxe vida a Israel quando a nação estava como um vale de ossos secos. A Palavra de Deus produziu uma grande restauração nos dias de Esdras e Neemias. Em Jerusalém, o reavivamento espalhou-se quando a Palavra de Deus foi proclamada sob o poder do Espírito Santo. Quando a Palavra de Deus foi proclamada pelos crentes, o reavivamento espalhou-se para outras fronteiras além de Jerusalém. O reavivamento de Éfeso foi o resultado do crescimento da Palavra de Deus. Em Tessalônica, o grande despertamento ocorreu como resultado da proclamação da Palavra de Deus. A Reforma do século 16 foi um retorno às Escrituras. Os grandes reavivamentos da História foram uma restauração da centralidade das Escrituras. O cristianismo é a religião de um único livro. A sublime e mais importante e urgente tarefa do pregador é devotar-se a si mesmo ao estudo, observância e pregação da Palavra de Deus.

Infelizmente, a tendência contemporânea está inclinada a remover a centralidade da Palavra de Deus em favor da liturgia. O culto está sendo transformado num festival musical, onde o som e as cores tomaram o lugar do púlpito; os cantores tomaram o lugar do pregador e a performance o lugar da unção. A falta de atenção à pregação da Palavra é um sinal da superficialidade da religião em nossos dias. Sermonetes geram cristianetes. Um cristianismo de sermões pequenos é um cristianismo de pequena fibra. Oh, nós devemos orar para que os pregadores sejam homens da Palavra! Os pregadores precisam desesperadamente retornar à Palavra de Deus. Todo pregador precisa ter paixão pela Palavra de Deus. Ele deve lê-la, conhecê-la, obedecê-la e pregá-la com autoridade e no poder do Espírito Santo.

A REVITALIZAÇÃO DA LIDERANÇA DA IGREJA VEM COMO RESULTADO DA UNÇÃO DO ESPÍRITO SANTO

Não há revitalização da igreja sem a ação do Espírito Santo. Sem a presença, a obra, o poder e a unção do Espírito Santo, a igreja será como um vale de ossos secos. Sem a obra do Espírito Santo, não haverá pregação, não haverá pessoas convertidas e também não haverá crescimento saudável da igreja.

Sem a unção do Espírito Santo, nossos sermões tornar-se-ão sem vida e sem poder. É o Espírito quem aplica a Palavra. A Palavra não opera à parte do Espírito. Os pregadores precisam depender do Espírito em sua pregação. Spurgeon sempre subia os quinze degraus do seu púlpito no Tabernáculo de Londres, dizendo: "Eu creio no Espírito Santo".

Conhecimento é importante, mas não é suficiente. Conhecimento, embora seja vital, nada pode fazer sem a unção do Espírito Santo. A unção vem através de uma vida de oração. Nada revela tanto a pobreza das nossas orações em secreto do que a ausência da unção do Espírito em nossa vida e pregação. Uma pregação bonita, retoricamente bem elaborada, exegeticamente meticulosa, teologicamente consistente geralmente revela a erudição e a capacidade do pregador. Mas somente a unção do Espírito Santo revela a presença de Deus. À parte da capacitação do Espírito Santo no ato da proclamação, a melhor técnica retórica fracassará totalmente em seu objetivo de transformar aqueles a quem nós pregamos.

A eloquência pode ser aprendida, mas a unção precisa ser recebida do alto. Os seminários podem ensinar os estudantes a serem grandes oradores, mas somente o Espírito Santo pode capacitá-los a serem pregadores cheios de poder. Livros de homilética podem ajudar os pregadores a prepararem melhor os seus sermões, mas somente o Espírito Santo pode preparar eficazmente os pregadores. Unção não se aprende através de retórica.

Ela não é conseguida através da imitação de outros pregadores. Somente o Espírito Santo pode conceder unção ao pregador. A unção é o Espírito Santo descendo sobre o pregador de forma especial, capacitando-o com poder, de tal maneira que ele realiza a obra da pregação de forma tão elevada, que ele passa a ser usado pelo Espírito e se transforma em um canal através de quem o Espírito Santo opera.

Não é bastante apenas pregar sobre o poder, é preciso experimentá-lo. Não é suficiente apenas falar acerca das coisas extraordinárias, é necessário viver uma vida extraordinária. Não é suficiente apenas pregar aos ouvidos, é necessário também pregar aos olhos. As pessoas ouvem dos pregadores grandes sermões, mas não veem grandes obras em suas vidas. Pregar sobre o poder do Espírito Santo é uma coisa, viver poderosamente sob a unção do Espírito é completamente diferente. Uma coisa é ter o Espírito residente, outra coisa é tê-lo presidente. Uma coisa é possuir o Espírito, outra coisa é ser possuído por ele. Uma coisa é ser habitado pelo Espírito Santo, outra coisa é ser cheio do Espírito.

Muitas igrejas têm influência política, riqueza, erudição, boa organização, belos templos, sofisticada tecnologia, eruditos pastores, mas não têm poder. A obra de Deus não é realizada através da força da carne ou da inteligência humana, mas através do poder do Espírito Santo (Zacarias 4:6).

O grande evangelista Dwight Moody recebeu uma unção especial para pregar a Palavra de Deus depois que duas humildes mulheres metodistas oraram por ele em Chicago. Elas lhe disseram: "Você precisa do poder do Espírito Santo". Então ele lhes pediu que orassem com ele e não simplesmente por ele. Pouco tempo depois, as orações daquelas mulheres foram respondidas, quando Moody estava em New York. O próprio Moody relata a sua experiência:

> Eu estava clamando o tempo todo para que Deus me ungisse com o seu Espírito. Bem, um dia, na cidade de New York – oh, que dia! Eu não posso descrevê-lo... Eu posso somente dizer que Deus revelou-se a mim e tive tal experiência do seu amor que eu tive de pedir-lhe que suspendesse a sua mão de sobre mim. Depois desse dia continuei pregando. Os sermões não eram diferentes; não preguei nenhuma nova verdade, mas centenas de pessoas eram convertidas. Se alguém me oferecesse o mundo inteiro para que eu voltasse a viver do mesmo jeito que vivi antes dessa abençoada experiência, eu desprezaria essa proposta e a consideraria apenas como pó em uma balança.[16]

Martyn Lloyd-Jones, considerado o maior pastor do século 20, costuma dizer que pregação é lógica em

---

[16] DUEWEL, Wesley L.. *Ablaze for God*. Grand Rapids, Michigan: Zondervan Publishing House. 1989, p. 302-303.

fogo! Pregação é razão eloquente! Pregação é teologia em fogo. Pregação é teologia vinda por meio de um homem que está em fogo. Os nossos sermões jamais pegarão fogo a menos que o fogo do Espírito Santo queime em nossos próprios corações.

A pregação apaixonada deve ser feita com o coração em chamas. Ela não é um ensaio lido para um auditório desatento. A pregação é uma confrontação em nome do próprio Deus Todo-poderoso. Ela precisa ser anunciada com uma alma em chamas, na autoridade do Espírito Santo. É conhecida a exortação de João Wesley: "Ponha fogo no seu sermão, ou ponha o seu sermão no fogo."

Depois de percorrer todo o Brasil, pregar em mais de oitocentas igrejas de várias denominações no Brasil e no exterior, ouvir pastores e membros de igrejas, analisar detidamente a situação da igreja evangélica brasileira, estou convencido de que a nossa maior necessidade é de uma profunda restauração espiritual na vida dos pastores. É mister que os pastores voltem ao seu primeiro amor. É mister que os pastores restaurem o altar da vida devocional. É mister que os pastores deixem de lado as coisas urgentes e comecem a gastar tempo com o que é importante. É mister que os pastores se consagrem à oração e ao ministério da Palavra. Que Deus nos dê a alegria de ver um tempo de restauração em nossas igrejas, começando dos seus pastores!

3

Revitalizando a pregação

Hernandes Dias Lopes

A PREGAÇÃO é o principal instrumento usado por Deus para levar a igreja ao crescimento, pois a fé vem pela pregação da Palavra (Romanos 10:17). Deus chama seus escolhidos pela palavra (João 17:20). Os crentes nascem da Palavra (1Pedro 1:23), alimentam-se da Palavra (1Pedro 2:2) e são santificados pela Palavra (João 17:17). A Palavra é útil para o ensino, repreensão, correção e educação na justiça (2Timóteo 3:16). Por intermédio da Palavra, o homem de Deus é aperfeiçoado e perfeitamente habilitado para toda boa obra (2Timóteo 3:17). Uma igreja cresce de forma saudável pela pregação fiel das Escrituras.

Estou convencido de que o crescimento da igreja é um dos temas mais discutidos na atualidade. Todo pastor anseia ver sua igreja crescer. A igreja deve crescer, precisa crescer. Se ela não cresce é porque está enferma. A pergunta certa a fazer não é: "O que devo fazer para minha igreja crescer?", mas: "O que está impedindo a minha igreja de crescer?".

Com respeito ao crescimento da igreja, precisamos evitar dois extremos:

Em primeiro lugar, *a numerolatria*. É a idolatração dos números. É o crescimento como um fim em si mesmo. É o crescimento a qualquer preço. Hoje vemos muita adesão e pouca conversão. Muito ajuntamento e pouco quebrantamento. A pregação contemporânea tem sido a pregação da fé sem o arrependimento e da salvação sem a conversão. Muitas igrejas rendem-se ao pragmatismo para alcançar o crescimento numérico da igreja. Dão às pessoas o que elas querem, em vez de dar a elas o que precisam. Pregam para agradar aos incrédulos em vez de conduzi-los à salvação. Esses pregadores da conveniência não estão interessados na verdade, mas no que funciona; não no que é certo, mas no que dá certo. Querem resultados, e não fidelidade. Estão mais interessados no aplauso da terra do que na aprovação do céu. Buscam mais a aprovação dos homens do que a glória de Deus.

Em segundo lugar, *a numerofobia*. É o medo dos números. É desculpa infundada da qualidade sem quantidade. A qualidade gera quantidade. A igreja é um organismo vivo. Quando ela prega a Palavra com integridade e vive em santidade, Deus dá o crescimento. Não há colheita sem semeadura. Há muitas igrejas estagnadas;

outras morrendo. O mais grave é que muitas delas estão satisfeitas apesar dos sinais de morte. Criaram mecanismos de defesa. Blindaram-se com desculpas muitas para aliviar a consciência. Justificam seu fracasso em nome de sua fidelidade inegociável. Não percebem que Deus é glorificado quando produzimos muito fruto. Obviamente Deus se interessa por números. A Bíblia está cheia de estatística. O livro de Atos contabiliza o número dos salvos. Números importam para Deus porque se referem a pessoas. O pastor se importa com uma única ovelha perdida. Um pastor fiel não pode se acomodar nem se conformar com a esterilidade de seu ministério. Uma igreja não pode acreditar que a ausência de conversões é uma coisa normal. Uma igreja saudável cresce e cresce pela pregação da Palavra.

O Movimento de Crescimento de Igreja começou em 1930 com Donald McGavran, quando este deixou a sede das Missões na Índia e passou dezessete anos plantando igrejas e fazendo uma pergunta: por que algumas igrejas crescem e outras não? Ele fundou o Instituto de Crescimento de Igreja em Oregon, Estados Unidos da América, com apenas um aluno boliviano. Seu ministério cresceu e passou a ser reconhecido em toda a América. Não tardou para que o Seminário de Fuller o convidasse para transferir-se para a Califórnia, onde o Instituto de Crescimento se tornou mundialmente conhecido. Possivelmente, Donald

McGavran foi o missionário que mais influenciou a igreja no século 20. Com o passar dos anos, esse instituto foi caminhando na direção do pragmatismo e perdeu de vista a pregação como o principal fator para o crescimento da igreja.

David Eby, ministro presbiteriano, depois de uma acurada investigação, examinando as monografias, teses e dissertações dos estudantes do Movimento de Crescimento de Igreja do Seminário de Fuller, na Califórnia, chegou à conclusão de que havia uma pequena ênfase na pregação como instrumento para conduzir a igreja ao crescimento. Na verdade, a maioria esmagadora desses trabalhos acadêmicos apontava as técnicas do pragmatismo como o caminho para levar a igreja ao crescimento. A ideia é: se funciona, use. O pragmatismo não está preocupado com a verdade, mas com o que funciona. Não pergunta o que é certo, mas o que dá certo.

Tom Rainer, porém, fez uma minuciosa e exaustiva pesquisa entre 576 igrejas batistas do Sul nos Estados Unidos e chegou a uma conclusão contrária à do Movimento de Crescimento de Igrejas. A pesquisa identificou que o maior fator para o crescimento saudável da igreja é a pregação expositiva.

Muitas igrejas contemporâneas estão buscando novas técnicas e novos modelos para levar a igreja ao crescimento. Mas, se queremos o crescimento saudável da igreja, precisamos voltar ao primeiro livro da história da igreja, o livro de Atos, para entendermos os princípios de Deus. Lá encontraremos que a pregação associada à oração foram os grandes instrumentos usados por Deus para levar sua igreja ao crescimento, seja numérico seja espiritual. Não temos que inventar novidades, precisamos voltar às origens. Não temos que seguir modelos pragmáticos, temos que anunciar a Palavra com fidelidade, no poder do Espírito Santo. Então Deus nos dará os resultados!

Conclamo você, leitor, a voltar seus olhos para as Escrituras e caminhar comigo pelas páginas do livro de Neemias. Aqui está um exemplo clássico do poder da Palavra. A revitalização da igreja passa pela pregação.

A cidade de Jerusalém estava devastada havia mais de cem anos. Desde a invasão de Nabucodonosor em 586 a.C., quando a cidade fora destruída seu templo queimado e seus muros derrubados até a chegada de Neemias em 444 a.C. para a restauração da cidade, tudo estava debaixo de escombros.

Mesmo com a volta dos cativos em 516 a.C., sob a liderança de Zorobabel, para a reconstrução do templo, e de Esdras, mais tarde, para o ensino da lei, a sorte da cidade ainda não havia sido mudada. Havia algumas razões para isto: primeiro, o povo que voltou do cativeiro não tinha recursos suficientes para reconstruir a cidade. Segundo, ao redor de Jerusalém, inimigos confederados conspiravam contra o povo e se opunham à reconstrução da cidade. Terceiro, a cidade estava cheia de escombros e entulhos, com muros quebrados e portas queimadas, gerando um profundo desânimo e abatimento no povo. Quarto, em virtude de cartas mentirosas dos inimigos do povo, afirmando que os judeus que tinham retornado planejavam uma conspiração contra a Pérsia, o próprio rei embargou a obra de reconstrução da cidade.

É nesse contexto de pobreza, perseguição, desânimo e embargos legais que Neemias chega a Jerusalém com o propósito de restaurar a cidade. Essa restauração deu-se em três níveis:

Em primeiro lugar, *a restauração física*. Neemias levantou as portas e restaurou os muros da cidade em cinquenta e dois dias. Aquilo que parecia impossível tornou-se realidade. Uma cidade mergulhada em ruínas levantou-se das cinzas. Os inimigos foram envergonhados, o povo fortalecido e a cidade de Jerusalém voltou a ser uma coroa de glória na mão do Senhor.

Em segundo lugar, *a restauração social*. A ordem política, social e econômica foi restabelecida. A crise sempre favorece a corrupção. Os governadores que antecederam Neemias oprimiram o povo. Os ricos esfolavam os pobres, emprestando-lhes dinheiro com juros abusivos, para tomar-lhes as terras, as vinhas, as casas e os próprios filhos. Neemias restaurou a justiça social, estancou o fluxo de corrupção no governo e devolveu a dignidade àquele povo oprimido.

Em terceiro lugar, *a restauração espiritual*. É mais fácil levantar muros do que reconstruir vidas. É mais fácil tirar uma cidade dos escombros do que restaurar a vida espiritual de seus habitantes. Neemias precisou de apenas cinquenta e dois dias para tirar Jerusalém do opróbrio e garantir sua segurança. Porém, passaram-se vários anos de luta sem trégua até ver a restauração espiritual do povo. A restauração física da cidade deu-se com o levantamento dos muros e das portas, mas a restauração espiritual foi efetivada pela pregação da Palavra. A maior reforma que Neemias implementou em Jerusalém foi a restauração da autoridade da Palavra de Deus sobre o povo. Sem essa restauração, Jerusalém seria absolutamente vulnerável, mesmo tendo muros erguidos e portas levantadas. A maior necessidade da igreja e da nação, ainda hoje, é a restauração da supremacia da Palavra de Deus.

A igreja evangélica brasileira enfrenta quatro problemas graves que precisam ser corrigidos, sob pena de entrar num processo de declínio.

O primeiro problema é a influência danosa do liberalismo teológico. O liberalismo não crê na inerrância, infalibilidade e suficiência das Escrituras. Olha para a Bíblia como um livro cheio de erros e contradições. Não aceita sua inspiração nem sua autoridade. Esvazia a Palavra de Deus de seu conteúdo divino e nega que ela seja nossa única regra de fé e prática. As igrejas que entram por esse caminho escorregadio trafegam numa estrada de desastre e morte. Onde o liberalismo chega, ele mata a igreja. O liberalismo teológico começa nas cátedras, desce aos púlpitos e daí esvazia as igrejas. Muitos seminários que foram celeiros para formar pastores e missionários, hoje, rendidos ao liberalismo, formam céticos e incrédulos; em vez de contribuir para o crescimento da igreja, matam as igrejas e prestam um desserviço ao reino de Deus. Nenhuma igreja sobrevive depois de abraçar o liberalismo. O liberalismo nunca edificou uma igreja forte. O liberalismo nunca experimentou um reavimento. O liberalismo nunca conduziu uma igreja ao crescimento espiritual e numérico. O liberalismo é um veneno mortal. Matou igrejas na Europa, na América do Norte e está fazendo o mesmo no Brasil.

O segundo problema que ataca a igreja brasileira é o sincretismo religioso. Vivemos numa cultura mística de pajelança, idolatria, kardecismo e cultos afros. O sincretismo é uma mistura de crenças. É colocar no mesmo liquidificador religioso heresias misturadas com algumas verdades bíblicas. O sincretismo é a paganização da fé evangélica. Muitas igrejas, no afã de atrair as pessoas, oferecem ao povo essa mistura venenosa, esse leite contaminado, esse cardápio heterodoxo. Se o liberalismo teológico retira das Escrituras o que nelas está, o sincretismo acrescenta o que não pode estar nelas. Muitos obreiros, em nome da espiritualidade robusta, induzem o povo ao misticismo, ao paganismo, à apostasia. Em vez de ensinar ao povo o evangelho da graça, pregam sobre sonhos, visões e revelações, que brotam de seus corações enganosos. Em vez de dar ao povo o trigo da verdade, oferecem a palha das novidades do mercado da fé. Em vez de levar o povo de volta às Escrituras, empurram-no para as práticas místicas, para mantê-lo na ignorância. Hoje muitas igrejas mudaram o rótulo das heresias do paganismo, mas mantêm o povo preso ao mesmo misticismo: sal grosso, copo d'água em cima do rádio, toalha ungida. São guias cegos guiando cegos. São lobos devorando as ovelhas. São falsos pastores apascentando a si mesmos em vez de cuidar das ovelhas de Cristo.

O terceiro problema que ataca a igreja é a ortodoxia morta. Há muitas igrejas que, embora sejam ortodoxas, estão estagnadas. A ortodoxia morta mata. Não basta ter doutrina certa, é preciso também ter vida certa. Não basta ter luz na mente, é preciso ter fogo no coração. Há muitos crentes ortodoxos de cabeça e hereges de conduta. Há um divórcio entre o que professam e o que praticam. Há um abismo entre sua crença e sua vida. Um hiato entre sua teologia e sua ética. Há pregadores secos como um poste. Há sermões áridos como um deserto. Sermão morto mata; sermão sem unção endurece o coração. Precisamos pregar aos ouvidos e também aos olhos. Nossa pregação precisa ter eloquência e demonstração do Espírito. Não basta proferir a Palavra de Deus, é preciso ser boca de Deus. Não basta carregar o bordão profético, os mortos precisam ressuscitar.

O quarto problema que ataca a igreja é o analfabetismo bíblico. Embora já tenhamos publicado mais de quatro bilhões de bíblias no mundo, para uma população de sete bilhões, ainda temos um povo analfabeto de Bíblia. Embora o Brasil seja hoje o maior produtor de bíblias do mundo, ainda temos uma igreja analfabeta da Bíblia. Embora tenhamos dezenas de bíblias de estudo à disposição, ainda temos uma geração de crentes superficiais. Por desconhecerem a verdade, ficam à mercê da mentira. Por não estarem arraigados na sã doutrina, ficam expostos às heresias. Por não praticarem o que conhecem, ficam expostos a uma vida mundana. Muitos pastores também são preguiçosos, não estudam, não alimentam o povo com a Palavra. Em vez disso, oferecem uma sopa rala ao povo, falando muito da plenitude do seu coração enganoso e do vazio de sua cabeça.

Estou convencido de que a única forma de revertermos essa situação é uma volta à Palavra de Deus. Necessitamos de uma nova reforma religiosa que nos coloque de volta nos trilhos da verdade e de um profundo reavivamento espiritual que nos aqueça de novo o coração. Precisamos da revitalização da pregação.

Vamos tratar, então, desse momentoso tema à luz do livro de Neemias. Neemias 8 é um grande modelo da pregação expositiva que produz o verdadeiro crescimento espiritual. Martyn Lloyd-Jones disse que a pregação é a tarefa mais importante do mundo. A maior necessidade da igreja e a maior necessidade do mundo. Calvino entendia que o púlpito é o trono de onde Deus governa a sua igreja.

O AJUNTAMENTO PARA OUVIR A PALAVRA DE DEUS (NEEMIAS 8:1,2)

A revitalização da igreja começa quando ela se reúne para ouvir a exposição das Escrituras. Vamos ver como foi esse ajuntamento na cidade de Jerusalém.

Em primeiro lugar, *um ajuntamento espontâneo* (Neemias 8:1). Deus moveu o coração do povo para reunir-se para buscar a Palavra de Deus. Eles não se reuniram ao redor de qualquer outro interesse. Hoje o povo busca resultados, coisas, benefícios pessoais, e não a Palavra de Deus. Querem as bênçãos de Deus, mas não o Deus das bênçãos. Têm fome de prosperidade e sucesso, mas não têm fome da Palavra. Temos criado muitos atrativos na igreja para chamar o povo, mas nada pode nos atrair mais do que a fome pela Palavra.

Nossa motivação precisa ser a Palavra. Não temos outra coisa a oferecer ao povo a não ser a Palavra.

Em segundo lugar, *um ajuntamento coletivo* (Neemias 8:2,3). Todo o povo: homens, mulheres e crianças reuniram-se para buscar a Palavra de Deus. Ninguém ficou de fora. Pobres e ricos, agricultores e nobres, homens e mulheres. Eles tinham um alvo em comum, buscar a Palavra de Deus. Precisamos ter vontade de nos reunir não apenas para ouvir cantores famosos ou pregadores conhecidos, mas para ouvir a Palavra de Deus. O centro do culto não é o homem, é Deus; não é a programação que elaboramos, mas a pregação da Palavra de Deus.

Em terceiro lugar, *um ajuntamento harmonioso* (Neemias 8:1). "Como se fosse um só homem, todo o povo se reuniu...". Não havia apenas ajuntamento, mas comunhão. Não apenas estavam perto, mas eram unidos de alma. A união deles não era em torno de encontros sociais, mas em torno da Palavra de Deus. Muitas igrejas precisam promover coisas especiais todos os dias para atrair o povo. Se não tiver um pregador especial, um cantor conhecido, o povo não vem. Ajuntamos as pessoas em torno do humano e do terreno, em vez ajuntá-las em torno do divino e celestial. Uma igreja saudável tem fome da Palavra. Corre para ouvir a Palavra. Ajunta-se para dar atenção à voz de Deus.

Em quarto lugar, *um ajuntamento proposital* (Neemias 8:1). "E pediram a Esdras, o escriba, que trouxesse o Livro da Lei de Moisés, que o Senhor dera a Israel". O propósito do povo era ouvir a Palavra de Deus. Eles tinham sede da Palavra. Eles tinham pressa de ouvir a Palavra. Não era qualquer novidade que os atraía, mas a Palavra de Deus. Tenho pregado em centenas de igrejas em todo o Brasil. Surpreendo-me, algumas vezes, com algumas igrejas que não estão acostumadas a ouvir a Palavra. Querem entretenimento, e não entendimento; querem emoção, e não compreensão. Querem experiências, e não o conhecimento da verdade. Querem uma panaceia para os males do agora, e não a salvação de sua alma.

Em quinto lugar, *um ajuntamento pontual* (Neemias 8:3). O povo todo estava presente desde o nascer do sol. Eles se preparavam para aquele grande dia. Havia expectativa no coração deles para ouvir a lei de Deus. A Palavra precisa ser prioridade para sermos pontuais. James Hunter diz que uma pessoa que se atrasa sistematicamente para um compromisso transmite várias mensagens: 1) O tempo dela é mais importante do que o dos outros; 2) As pessoas que ela vai encontrar não são muito importantes para ela; 3) Ela não tem o cuidado de cumprir compromissos. A igreja contemporânea perdeu de vista a preparação conveniente para ir à casa de Deus. Marcamos nossas festas e encontros para sábado à noite e no domingo de manhã, estamos sonolentos, indispostos, preferindo a cama ao templo, o sono ao culto, o descanso à Palavra. Damos a Deus o resto: o resto do nosso tempo e de nossas energias. Temos tempo para tudo, menos para Deus. Precisamos ser revitalizados!

A SUPREMACIA DA PALAVRA DE DEUS

Destacaremos três verdades aqui:

Em primeiro lugar, *o pregador precisa estar comprometido com as Escrituras* (Neemias 8:2,4,5). Esdras era um homem comprometido com a Palavra (Esdras 7:10). O povo não lhe pediu que constasse bonitas experiências, mas queria um fiel expositor das Escrituras. A maior necessidade da igreja é de homens que conheçam, vivam e preguem a Palavra de Deus com fidelidade. A pregação é a maior necessidade da igreja e do mundo. A pregação é a tarefa mais importante que existe no mundo.

O impacto causado pela leitura da Palavra de Deus por Esdras é comparado ao impacto da Bíblia na época da Reforma do século 16. Precisamos nos tornar o povo "do livro", "da Palavra". Não há reavivamento sem a restauração da autoridade da Palavra.

Em segundo lugar, *o povo precisa estar sedento das Escrituras* (Neemias 8:1,3). A Bíblia é o anseio do povo. Eles se reúnem como um só homem (Neemias

8:1), com os ouvidos atentos (Neemias 8:3), reverentes (Neemias 8:6), chorando (Neemias 8:9) e alegrando (Neemias 8:12) e prontos a obedecer (Neemias 8:17). Eles querem não farelo, mas trigo. Eles querem pão do céu. Eles querem a verdade de Deus. Eles buscam pão onde havia pão.

Muitos buscam a Casa do Pão e não encontram pão. São como Noemi e sua família, que saíram de Belém e foram para Moabe, porque não havia pão na Casa do Pão. Quando as pessoas deixam a Casa do Pão encontram a morte. Há muita propaganda enganosa nas igrejas: prometem pão, mas só há fornos frios, prateleiras vazias e algum farelo. Não adianta dar ao povo receita de pão; é preciso dar pão. Não adianta dizer que no passado o povo tinha pão com fartura; é preciso saciar a fome do povo hoje.

Em terceiro lugar, *atitudes do povo em relação às Escrituras*. O povo teve quatro atitudes importantes em relação à Palavra: primeiro, *ouvidos atentos* (Neemias 8:3). O povo permaneceu desde a alva até o meio-dia, sem sair do lugar (Neemias 8:7), com os ouvidos atentos. Não havia dispersão, distração nem enfado. Eles estavam atentos não ao pregador, mas ao livro da lei. Não havia esnobismo nem tietagem, mas fome da Palavra. Segundo, *mente desperta* (Neemias 8:2,3,8). A explicação era lógica, para que todos entendessem. O reavivamento não foi um apelo às emoções, mas um apelo ao entendimento. A superstição irracional era a marca do paganismo. O profeta Oseias diz: "O meu povo está sendo destruído porque lhe falta o conhecimento" (Oseias 4:6). Terceiro, *reverência* (Neemias 8:5). "Então, desde um lugar mais alto, Esdras abriu o livro, e todo o povo conseguia vê-lo. Assim que abriu o livro, todo o povo se pôs em pé". Essa era uma atitude de reverência e respeito à Palavra de Deus. Esse púlpito elevado não era para revelar a infalibilidade do pregador, mas a supremacia da Palavra. Quarto, *adoração* (Neemias 8:6). Esdras ora, o povo responde com um sonoro amém, levanta as mãos e se prostra para adorar. Onde há oração e exposição da Palavra, o povo exalta a Deus e o adora.

A PRIMAZIA DA PREGAÇÃO DA PALAVRA DE DEUS

A pregação expositiva pode ser sintetizada em três palavras-chave. Foi isso que aconteceu com a pregação de Esdras.

Em primeiro lugar, *ler o texto das Escrituras* (Neemias 8:2,3,5). A leitura do texto é a parte mais importante do sermão. O texto é a fonte da mensagem e a autoridade do mensageiro. O sermão só é sermão se ele se propõe a explicar o texto. Há pregadores que leem o texto atabalhoadamente. Há outros que atropelam o texto, mostrando um total descaso à Palavra. Há aqueles que leem o texto bíblico sem qualquer entusiasmo, revelando profundo desinteresse para com seu conteúdo. Você conhece o compromisso de um pregador com as Escrituras a partir da leitura que ele faz do texto bíblico a ser exposto.

Em segundo lugar, *explicar o texto das Escrituras* (Neemias 8:7,8). O cristianismo é a religião do entendimento. Ele não nos rouba o cérebro, mas traz luz à mente. O sincretismo religioso anula a razão. Pregar é explicar o texto. A mensagem é baseada na *exegese*, ou seja, tirar do texto o que está no texto. Não podemos impor ao texto nossas ideias. Isso é *eixegese*. Calvino dizia que pregação é a explicação do texto. O púlpito é o trono de onde Deus governa a sua igreja. Lutero dizia que existe a Palavra de Deus escrita, a Palavra encarnada e a Palavra pregada. Muitos hoje dizem: "Eu já tenho o sermão, só falta o texto". Isso não é pregação. Deus não tem nenhum compromisso com a palavra do pregador, e sim com a sua Palavra. É a Palavra de Deus que não volta vazia e não a palavra do pregador. Aquele que faz a obra de Deus relaxadamente é maldito. Apresentar-se diante do povo de Deus sem preparação conveniente é um grave pecado. Precisamos ser obreiros aprovados. Precisamos nos afadigar na Palavra para cavar seus tesouros inesgotáveis. Um pregador não afeito à leitura não pode ter um ministério relevante. Um pregador preguiçoso que não se esmera no ensino é negligente. Um pregador que tenta enganar o povo com arroubos de eloquência e com técnicas modernas de comunicação, mas sonegando ao povo a explicação do texto sagrado está desqualificado para o ministério.

Em terceiro lugar, *aplicar o texto das Escrituras* (Neemias 8:9-12). O sermão é uma ponte entre dois mundos: o texto e o ouvinte. Precisamos ler o texto e ler o povo. Não pregamos diante da congregação, mas à congregação. Onde começa a aplicação, começa o sermão. Há um grande perigo da chamada *heresia da aplicação*. Se não interpretarmos o texto corretamente, vamos aplicá-lo de forma distorcida. Vamos prometer o que Deus não está prometendo e corrigir quando Deus não está corrigindo. A exposição e a aplicação da Palavra de Deus produziram na vida do povo uma gloriosa restauração espiritual.

Os efeitos da pregação da Palavra de Deus

Vejamos, agora, os efeitos da pregação:

Em primeiro lugar, ela *atinge o intelecto* (Neemias 8:8). A pregação é dirigida à mente. O culto deve ser racional. Devemos apelar ao entendimento (Neemias 8:2, 3,8,12). John Stott escreveu um livro com o título: *Crer é também pensar.* E isso é uma grande verdade! Nada empolga tanto como estudar teologia. O conhecimento da verdade enche a nossa cabeça de luz, aquece nosso coração e nos prepara para a vida. O povo que conhece a Deus é forte e ativo (Daniel 11:32).

Em segundo lugar, *atinge a emoção* (Neemias 8:9-12). Quando o povo ouviu a Palavra, houve choro pelo pecado (Neemias 8:9). A Palavra de Deus produz quebrantamento, arrependimento e choro pelo pecado. O verdadeiro conhecimento nos leva às lágrimas. Quanto mais perto de Deus você está, mais tem consciência de que é pecador, mais chora pelo pecado. O emocionalismo é inútil, mas a emoção produzida pelo entendimento é parte vital da fé cristã. É impossível compreender a verdade sem ser tocado por ela. Ao ouvir a Palavra, houve também a alegria da restauração (Neemias 8:10). As festas deviam ser celebradas com alegria (Deuteronômio 16:11,14).

A alegria tem três aspectos importantes: 1) Uma origem divina – "A alegria do Senhor". Essa não é uma alegria circunstancial, momentânea, sentimental. É a alegria de Deus, indizível e cheia de glória. 2) Um conteúdo bendito – Deus não é apenas a origem, mas o conteúdo dessa alegria. O povo regozija-se não apenas por causa de Deus, mas em Deus: sua graça, seu amor, seus dons. É na presença de Deus que há plenitude de alegria. 3) Um efeito glorioso – "A alegria do Senhor é a nossa força". Quem conhece esta alegria não olha para trás, como a mulher de Ló. Quem bebe da fonte das delícias de Deus não vive cavando cisternas rotas. Quem bebe das delícias de Deus não sente saudades do Egito. Essa alegria é a nossa força. Foi essa alegria que

Paulo e Silas sentiram na prisão. Essa é a alegria que os mártires sentiram na hora da morte.

Em terceiro lugar, *atinge a vontade* (Neemias 8:11,12). Dois resultados aconteceram depois que o povo ouviu a Palavra: primeiro, obediência a Deus (Neemias 8:12). O povo obedeceu à voz de Deus, e deixou o choro e começou a regozijar-se. Segundo, solidariedade ao próximo (Neemias 8:12). O povo começou não apenas a alegrar-se em Deus, mas a manifestar seu amor ao próximo, enviando porções àqueles que nada tinham. Não podemos separar a dimensão vertical da horizontal no culto.

A OBSERVÂNCIA DA PALAVRA DE DEUS (NEEMIAS 8:13-18)

Destacaremos, aqui, três verdades importantes:

Em primeiro lugar, *a liderança toma a iniciativa de observar a Palavra de Deus* (Neemias 8:13-15). No dia seguinte, Esdras organizou um estudo bíblico mais profundo para a liderança (Neemias 8:13). Um grande reavivamento está acontecendo como resultado da observância e obediência à Palavra de Deus. Essa mudança é iniciada pelos líderes do povo. Havia práticas que tinham caído no esquecimento. Eles voltaram à Palavra e começaram a perceber que precisavam ser regidos pela Palavra. A Escritura deve guiar a igreja sempre. A primeira tentação do diabo não foi em relação a sexo ou dinheiro, mas para suscitar dúvidas acerca da Palavra de Deus.

Em segundo lugar, *os liderados obedecem à orientação da Palavra de Deus* (Neemias 8:16-18). Toda a liderança e todo o povo se mobilizam para acertar a vida de acordo com a Palavra. Havia uma unanimidade em buscar a Palavra e em obedecê-la. Esse reavivamento espiritual foi tão extraordinário que desde Josué, ou seja, há 1.000 anos, a Festa dos Tabernáculos nunca era realizada com tanta fidelidade ao ensino das Escrituras. Essa festa lembrava a colheita (Êxodo 34:22) e a peregrinação no deserto (Levítico 23:43). Em ambas as situações, o povo era totalmente dependente de Deus. Se queremos restauração para a igreja, precisamos buscar não as novidades, mas as Escrituras.

Em terceiro lugar, *a alegria de Deus sempre vem sobre o povo quando este obedece à Palavra* (Neemias 8:10,17b). "A alegria do Senhor é a vossa força" (Neemias 8:10) e "...a alegria deles foi muito grande" (Neemias 8:17b). O mundo está atrás da alegria, mas ela é resultado da obediência à Palavra de Deus. O pecado entristece, adoece, cansa. Mas a obediência à Palavra de Deus traz uma alegria indizível e cheia de glória. Um povo alegre é um povo forte. A alegria do Senhor é a nossa força. Quando você está alegre, a força de Deus o entusiasma!

Resultados gloriosos são colhidos quando o povo se volta para a Palavra de Deus. Dois resultados são apontados: Primeiro, confissão de pecado. No capítulo 9, vemos uma das mais profundas orações da Bíblia, em que Neemias confessa o seu pecado e o pecado do seu povo. Sempre que a Palavra é exposta, há choro pelo pecado e abandono do pecado. Segundo, aliança com Deus e reavivamento. No capítulo 10, os líderes e o povo fazem uma aliança com Deus de que deixariam seus pecados e andariam com ele. E então houve um grande reavivamento espiritual que levantou a nação.

4

Revitalizando a visão celestial

Arival Dias Casimiro

"Que meu coração seja quebrado pelas coisas que partem o coração de Deus" (Bob Pierce).

"O líder que tem o espírito de Cristo não somente deve ter um entendimento de Deus e de si mesmo, mas deve ter também um bom conhecimento das necessidades reais dos outros. Sua sensibilidade para com os outros é sempre focalizada através da visão que Deus lhe deu" (John Haggai).

Igrejas cegas morrem! Igrejas que perderam a sua visão missionária deixam de existir. Pastores cegos que não lideram as suas ovelhas à prática missionária se tornam coveiros de igrejas. Jesus diagnosticou a doença da cegueira espiritual na igreja de Laodiceia e lhe deu o seguinte conselho: "Eu te aconselho que compres de mim ouro refinado no fogo, para que te enriqueças; roupas brancas, para que te cubras e a vergonha da tua nudez não seja mostrada; e colírio, para que o apliques sobre teus olhos e enxergues" (Apocalipse 3:18). Aquela igreja estava cega espiritualmente para as oportunidades que Jesus lhes abriu. A solução era aplicar o colírio celestial para restaurar a visão espiritual.

A visão espiritual de sua identidade e da sua missão é tudo que uma igreja local precisa para impactar o mundo. Quando uma igreja local não sabe quem ela é e para que ela existe, fica estagnada, adoece e morre. Por isso, Pedro, em sua primeira carta (1Pedro 2:1-10), faz duas perguntas relevantes: quem somos e para que somos? Ele diz: "Mas vós sois geração eleita, sacerdócio real, nação santa, povo de propriedade exclusiva de Deus, para que anuncieis as grandezas daquele que vos chamou das trevas para sua maravilhosa luz. Antigamente, não éreis povo; agora, sois povo de Deus; não tínheis recebido misericórdia; agora, recebestes misericórdia" (1Pedro 2:9,10).

Primeiro, *quem somos?* Pedro diz que somos pessoas que se aproximam e ficam em Cristo (v. 4), somos uma casa espiritual e um sacerdócio santo (v. 5), somos os únicos que jamais serão envergonhados (v. 6), somos os únicos para quem Jesus é precioso (v. 7), somos raça eleita, sacerdócio real, nação santa, povo de propriedade exclusiva de Deus, pessoas chamadas das trevas para a luz (v. 9) e povo que foi alcançado pela misericórdia de Deus (v. 10). Pedro usa conceitos do Antigo Testamento para descrever a igreja: *raça eleita*: assim como Israel, a igreja é formada pelos eleitos de Deus (Deuteronômio 7:6-8; João 15:16). *Sacerdócio real*: assim como Israel (Êxodo 19:5,6), a igreja é um reino de sacerdotes que serve ao Rei, na esfera do reino espiritual (Apocalipse 1:6; 5:10). *Nação santa*: assim como Israel foi o povo separado por Deus (Levítico 19:2; Isaías 62:12), a igreja é formada por cidadãos santos (Efésios 2:19) e nossa cidadania é celestial (Filipenses 3:20). *Povo de Deus*: assim como Israel era o povo exclusivo de Deus (Isaías 43:21), a igreja é o povo de propriedade exclusiva de Deus, comprada pelo sangue do Cordeiro (Atos 20:28). Jesus chama a igreja de "minha igreja" (Mateus 16:18) e os cristãos de "minhas ovelhas" (João 10:14 e João 21:16,17). A principal lição que Pedro quer nos ensinar é que há uma continuidade entre o Israel do Antigo Testamento e a Igreja do Novo Testamento. Deus só tem um único povo na História: *o Israel de Deus* (Romanos 11:25-27).

Segundo, *para que somos?* Pedro responde dizendo que Deus nos fez povo seu com um propósito: "para que anuncieis as grandezas daquele que vos chamou das trevas para a sua maravilhosa luz" (v. 9). Com este sentido, o verbo "proclamar" (*eksangellõ*), só aparece aqui em todo o Novo Testamento. Significa "publicar ou declarar publicamente, anunciar ou tornar amplamente conhecidas para os de fora" as virtudes de Deus (Salmos 9:14; 79:13). O que são estas virtudes? A palavra "virtude" significa "qualidade, atributo, excelência e louvor". A igreja deve proclamar verbalmente as virtudes louváveis de Deus, seus feitos, seu poder, sua glória, sua sabedoria, sua graça, sua misericórdia, seu amor e sua santidade. E a igreja faz isso quando cumpre a ordem missionária.

Toda igreja local precisa ter uma visão espiritual da sua identidade e missão. Neste capítulo trabalharemos para apresentar o conceito bíblico de visão espiritual. O nosso objetivo é motivá-lo, a partir da reflexão bíblica, a recuperar a sua visão espiritual missionária.

Conceito bíblico de visão espiritual

O conceito bíblico de "visão" relaciona-se essencialmente ao ministério profético do Antigo Testamento. "Visão" (*hazon*) significa a revelação por meio de visão, oráculo ou comunicação divina. Ela descreve o conteúdo da comunicação específica de Deus ao povo, por intermédio de um profeta (1Samuel 3:1; 1Crônicas 17:15; Isaías 1:1). Ela revela a orientação de Deus para o presente e também para eventos futuros (Daniel 9:24; 10:14). Deus se dava a conhecer aos profetas por meio das visões (Números 12:6). E toda vez que esta "visão" inexistia, o povo se "soltava" na corrupção desenfreada: "Onde não há profecia (visão), o povo se corrompe, mas quem obedece à lei é bem-aventurado" (Provérbios 29:18). O Novo Testamento usa duas palavras gregas para conceituar "visão": *horama*, que significa "contemplar um espetáculo" de natureza sobrenatural (Atos 9:10,12; 10:3,17 e 19) e *optasia*, que significa "visualização sobrenatural" (Lucas 1:22; 24:23; 2Coríntios 12:1).

O apóstolo Paulo é um exemplo bíblico de alguém que teve várias visões e revelações do Senhor (2Coríntios 12:1) durante o seu trabalho missionário, quando Deus o guiou e o encorajou ao trabalho com visões celestiais (Atos 16:9,10; 18:9-11; 22:17-21; 23:11; 27:23,24). A mais marcante e decisiva visão que ele teve foi a que aconteceu no caminho de Damasco, quando foi convertido pelo Senhor. Trata-se de um fato bíblico importante, registrado três vezes em Atos (Atos 9:1-9; 22:6-11; 26:13-19). Em duas delas, é o próprio Paulo quem descreve o que aconteceu. Destacamos aqui o que ele testemunhou perante o rei Agripa: "Portanto, ó rei Agripa, não fui desobediente à visão celestial. Pelo contrário, anunciei primeiramente aos que estão em Damasco, e depois em Jerusalém, e por toda a terra da Judeia e também aos gentios, que se arrependessem e se convertessem a Deus, praticando obras próprias de arrependimento" (Atos 26:19,20). Dois detalhes importantes:

Primeiro, *a natureza da visão*: "visão celestial". A palavra "visão" (*optasia*) significa "a visualização de uma aparição". A palavra "celestial" (*ouranos*) indica "pertencente ou vinda do céu". A visão de Paulo foi de natureza divina e celestial. Foi o próprio Deus que se revelou a ele, salvando-o e vocacionando-o para o ministério (Atos 9:1-9). Esta visão mudou a sua vida espiritual e determinou o que ele seria a partir daquele momento.

Segundo, *a reação à visão*: "não fui desobediente" (*apeithes*) isto é, "descrente ou contumaz" à visão celestial. A visão pode ser entendida como um chamado e escolha para um cargo e missão: "Paulo, servo de Jesus Cristo, chamado para ser apóstolo, separado para o evangelho de Deus" (Romanos 1:1). Ordem divina não se discute, se cumpre. Imediatamente, após a sua conversão, Paulo começou a pregar: "E logo passou a pregar Jesus nas sinagogas, dizendo ser ele o Filho de Deus" (Atos 9:20). Ele anunciava ou proclamava publicamente (*kerysso*) a mensagem do evangelho, arrependimento, conversão e frutos espirituais (Mateus 3:1,8). Ele começou a testemunhar em Damasco (Atos 9:20-25), Jerusalém (Atos 9:26-30) e até os confins da terra (Atos 13:1-3). Essa visão celestial guiou Paulo em seu ministério, dando-lhe identidade e foco ministerial. "Mas em nada considero a vida preciosa para mim mesmo, contanto que eu complete a minha carreira e o ministério que recebi do Senhor Jesus, para dar testemunho do evangelho da graça de Deus" (Atos 20:24).

Hoje não temos mais profetas e apóstolos, no sentido bíblico original. O cânon bíblico está fechado. O ensino dos apóstolos e dos profetas é

Revitalizando a visão celestial

fundamento para a edificação da igreja: "Edificados sobre o fundamento dos apóstolos e profetas, sendo o próprio Cristo Jesus a principal pedra de esquina" (Efésios 2:20). Os profetas de Deus hoje são aqueles que estudam, praticam e ensinam a Bíblia. Deus nos fala por intermédio da Palavra e devemos falar de Deus aos outros, pregando-lhes a Palavra. As visões e revelações proféticas, tal como aconteciam com os profetas e apóstolos, cessaram. "A lei e os profetas vigoraram até João; a partir de então, o evangelho do reino de Deus é anunciado, e todo homem se esforça por entrar nele" (Lucas 16:16).

Há, porém, um tipo de visão espiritual que é necessária e indispensável à igreja hoje. Ela é também uma visão celestial, pois se origina em Deus. Ela é posta por Deus no coração daqueles que ele deseja usar como líderes. Neemias declara: "Levantei-me de noite e saí com alguns dos meus homens. Eu não disse a ninguém o que o meu Deus havia colocado em meu coração para que eu fizesse por Jerusalém" (Neemias 2:12). Deus pôs no coração de Neemias uma visão para ele realizar em Jerusalém. O líder é alguém que tem algo no coração para fazer. John Haggai afirma que o princípio da visão é a chave para se entender a liderança espiritual. A liderança começa quando surge uma visão, pois ela é uma imagem clara de algo que o líder quer que seu grupo seja ou faça. Haggai resume:

A visão é importante porque é a base de toda verdadeira liderança. E não é somente o líder que deve conhecê-la bem, mas os seguidores também. Portanto, uma das principais responsabilidades do líder é comunicar sua visão ao grupo de forma correta e eficiente. Depois, tanto ele como os seguidores passam a atuar em função da visão, e a determinar um programa de metas para realizar a missão e, assim, executar a visão. Nessa atuação deve estar incluída uma forte determinação de vencer dificuldades e eliminar obstáculos. [17]

Mas de onde surge uma visão? Toda visão de valor origina-se em Deus, quer a pessoa reconheça isso ou não. Neemias disse que foi Deus quem colocou no seu coração uma visão para realizar em Jerusalém. Ele não era profeta, nem sacerdote, mas um copeiro do rei. Deus é a fonte de todas as visões valorosas, que produzem transformações sociais e espirituais. John Haggai afirma: "A visão é a revelação da vontade de Deus".[18] Dois aspectos desta visão precisam ser destacados:

1) *Visão ampla:* aquilo que Deus revela em sua Palavra para toda a sua igreja. Por exemplo, a grande comissão de Mateus 28:18-20. Ela é para

---

[17] HAGGAI, John. *Seja um líder de verdade*. Venda Nova, – MG: Betânia. 1990, p. 47.
[18] Ibid, p. 47.

toda a igreja, em todas as épocas e contextos culturais, até a segunda vinda de Jesus.

2) *Visão específica:* aquilo que Deus quer realizar por intermédio de uma pessoa ou uma igreja específica num lugar específico. Deus colocou uma visão no coração de Neemias para ele realizar especificamente em Jerusalém.

As lições que aprendemos sobre esta visão ampla e específica é que todos os crentes e todas as igrejas devem pregar o evangelho. Todos têm a responsabilidade de pregar, porém, cada crente terá um chamado específico para uma tarefa exclusiva. Cada igreja será usada por Deus para cumprir a grande comissão em todo mundo e um ministério num local específico. A Igreja Presbiteriana de Pinheiros tem como visão de Deus ser uma grande igreja missionária. A sua liderança tem sido quebrantada e convencida desta verdade. Essa visão tem determinado as ações e canalizado os recursos da igreja. E quanto mais investimos e nos dedicamos a missões, mais somos abençoados, em todas as áreas ministeriais.

Características da visão espiritual

Destaco, à luz da Palavra de Deus, quatro características desta visão espiritual:

Primeira, *visão espiritual é enxergar as pessoas necessitadas*. Lemos no evangelho de Mateus: "Vendo as multidões, compadeceu-se delas, porque andavam atribuladas e abatidas, como ovelhas que não têm pastor" (Mateus 9:36). Jesus viu as pessoas aflitas e cansadas, semelhantes a um rebanho de ovelhas sem pastor. Pessoas desesperadas expostas a todo tipo de lobo predador. As necessidades espirituais das pessoas são mais profundas do que suas necessidades de curas físicas. Ele viu e sentiu compaixão pelas multidões. Visão espiritual significa ver as pessoas da perspectiva de Deus. É olhar e sentir pelo mundo perdido o mesmo que Jesus sente. Roderick Davis disse: "O amor é a raiz de missões; sacrifício é o fruto de missões". Rolland Allen diz: "Zelo missionário não cresce de crenças intelectuais, nem de argumentos teológicos, mas do amor".

Paulo encarna o amor de Jesus pelos perdidos, quando ele está na cidade de Atenas: "Enquanto Paulo esperava por eles em Atenas, sentia grande indignação, vendo a cidade cheia de ídolos" (Atos 17:16). O que ele viu impactou as suas emoções e o motivou a agir. Ao ver as pessoas dominadas pela idolatria, Paulo foi movido interiormente a sair pregando aos judeus na sinagoga, ao povo que estava na praça e aos intelectuais no areópago. Visão missionária é olhar para o perdido com os olhos de Deus e sair ao seu encontro. Missões começam no coração cheio de compaixão pelo perdido.

Há muitas igrejas que só olham para si e para as suas necessidades internas. O foco da visão está errado. Quando a igreja olha para fora e para as almas perdidas, Deus supre todas as suas necessidades internas. A igreja precisa experimentar a bem-aventurança dita por Jesus: "Dar é mais bem-aventurado que receber" (Atos 20:35). Quando a igreja sai atrás das ovelhas perdidas, Deus cuida daquelas que ficam no aprisco. John Piper diz: "Pertencer a Jesus é abraçar as nações com ele".

Segunda, *visão espiritual é enxergar os recursos celestiais*. Muitas igrejas e muitos pastores argumentam que não fazem missões porque não têm recursos. Ledo engano. Deus jamais nos daria uma missão sem nos providenciar os recursos. Mas Deus também não dá recursos para quem não faz missões. A reflexão que precisa ser feita é: "Não fazemos missões porque não temos recursos, ou não temos recursos porque não fazemos missões?". Deus quer primeiro obediência, depois ele supre todas as necessidades. Na economia de Deus, não é o recurso que vem primeiro, mas a obediência. Para compreendermos isso, precisamos de visão espiritual.

Na obra de Deus precisamos ter visão espiritual dos recursos. Vejamos o exemplo de Eliseu e o seu ajudante: "Tendo o servo do homem de Deus se levantado muito cedo, saiu e percebeu que um exército havia sitiado a cidade com cavalos e carros. Então o servo disse ao homem de Deus: Ai, meu senhor! Que faremos? Ele respondeu: Não temas, porque há mais conosco do que com eles. Eliseu orou e disse: Ó Senhor, peço-te que o faças enxergar. O Senhor abriu os olhos do servo, e ele viu que o monte estava cheio de cavalos e carros de fogo em redor de Eliseu" (2Reis 6:15-17). Observe que o jovem estava cego para os recursos celestiais disponíveis para o povo de Deus. Foi necessário que o profeta orasse e que Deus lhe abrisse os olhos espirituais. A grande verdade que ecoa por todos os séculos: "Não temas, porque há mais conosco do que com eles". O apóstolo João nos diz: "aquele que está em vós é maior do que aquele que está no mundo" (1João 4:4). A verdade é maior que a mentira, os recursos são maiores que as despesas, a vitória é maior que a derrota. Precisamos abrir os olhos para os recursos extraordinários, inesgotáveis e disponíveis que a igreja tem para realizar a obra.

Hudson Taylor disse: "A obra de Deus, feita do jeito de Deus, jamais deixará de contar com o sustento de Deus". Todo dinheiro necessário para enviar e sustentar missionários no mundo já está depositado na conta dos membros da igreja. Toda a mão de obra para fazer a obra missionária já está sentada nos bancos da igreja. O que falta é a iniciativa de começar a trabalhar. Inicie o trabalho e Deus enviará todos os recursos necessários. Passe a orar e Deus enviará os recursos: "O meu Deus suprirá todas as vossas necessidades, segundo sua riqueza na glória em Cristo Jesus" (Filipenses 4:19). Jesus nos enviou para fazer a obra missionária. Olhemos para cima e o vejamos assentado à destra de Deus. Ele está no controle de tudo e ele cooperará conosco no percurso da obra: "Depois de lhes ter falado, o Senhor foi elevado ao céu e assentou-se à direita de Deus. Então, saindo os discípulos, pregaram por toda parte, e o Senhor cooperava com eles confirmando a palavra com os sinais que os acompanhavam" (Marcos 16:19,20). Os discípulos partiram. Quais eram os recursos materiais que eles tinham em mãos? Nenhum. Mas eles partiram confiantes de que o Senhor Jesus jamais os desampararia. Creia nisto!

Terceira, *visão espiritual é enxergar o tempo oportuno*. A Bíblia fala da existência de dois tempos: o tempo de Deus e o tempo do homem. O primeiro é o tempo (*kairós*) estabelecido por Deus, que registra a sua intervenção na história do homem. O segundo é o tempo do homem (*cronós*) estabelecido no calendário e na agenda da História, com dia, mês e ano. Jesus disse aos discípulos: "Não dizeis vós faltarem ainda quatro meses para a colheita? Mas eu vos digo: Levantai os olhos e vede os campos já prontos para a colheita" (João 4:35). Ele fala de dois calendários: no do homem faltam quatro meses e no divino é agora. Ele fala de duas searas ou duas ceifas: a agrícola e a espiritual. Ele fala de duas visões:

visão material e espiritual. Os discípulos precisavam erguer os olhos e ver que os campos missionários já estão disponíveis para a ceifa. Há uma colheita espiritual que precisa ser feita com urgência.

Igrejas que estão estagnadas e morrendo perderam a visão do tempo de Deus. Estão acomodadas, realizando apenas um ministério de manutenção. Perderam a visão do tempo de Deus. Kurt von Schleicher afirma com propriedade: "Nosso Deus da graça muitas vezes nos dá uma segunda chance, mas não há segunda chance para uma colheita madura". Há muitas vidas que precisam ser evangelizadas e salvas hoje. Keith Green diz: "Esta geração de cristãos é responsável por esta geração de almas na terra". No trabalho missionário, só podemos alcançar a nossa geração. O tempo urge. Precisamos ter pressa para evangelizar e plantar novas igrejas. Os nossos dias estão contados e o tempo da nossa oportunidade é hoje. Quando Jonas pregou em Nínive, toda aquela geração se converteu e foi salva por Deus. Alguns anos mais tarde, Nínive foi cercada e destruída. Toda aquela geração foi julgada e condenada por Deus. Não houve remédio para a sua ferida (Naum 3:19). Carl Henry disse: "O evangelho só é uma boa notícia quando chega a tempo".

Quarta, *visão espiritual é trabalho*. O que fazer com uma visão que recebemos de Deus? A resposta é simples: vamos colocá-la em prática. Neemias recebeu uma visão de Deus para realizar algo em Jerusalém. Ele encarou esta visão, afastou-se do seu emprego e foi para Jerusalém. Ali ele fez um diagnóstico pessoal da situação da cidade, reuniu a liderança e passou a visão. Eu destacaria três detalhes da ação de Neemias. Ele passa a visão: "Eu lhes disse então: Vede a triste situação em que estamos, como Jerusalém está devastada, e as suas portas destruídas pelo fogo. Vinde! Vamos reconstruir os muros de Jerusalém, para que não passemos mais vergonha" (Neemias 2:17). Observe que Neemias mostra aos líderes do povo a situação caótica da cidade: miséria, assolação e ruínas. Em seguida, ele coloca a visão de como a cidade deveria ser no futuro: "para que não passemos mais vergonha". Mas, para que o ideal futuro pudesse ser alcançado, era necessário muito trabalho: "vamos construir os muros". O povo assimilou a visão e todos se envolveram no trabalho. Em cinquenta e dois dias eles terminaram a reconstrução do muro. "E o muro foi concluído no vigésimo quinto dia do mês de elul, em cinquenta e dois dias. Quando os nossos inimigos souberam disso, todos os povos ao nosso redor ficaram atemorizados e muito abatidos, pois perceberam que tínhamos feito esta obra com o auxílio do nosso Deus" (Neemias 6:15,16). A visão foi concretizada com muito trabalho, em meio a muita adversidade e com a intervenção de Deus.

Visão espiritual sem ação é ilusão. Toda visão que Deus coloca no coração dos seus servos é transformada em ação. Noé obedeceu quando recebeu a instrução de Deus para construir a arca: "Pela fé, Noé, temente a Deus, construiu uma arca para a salvação da sua família, quando advertido sobre coisas que ainda não se viam. Por meio da fé, condenou o mundo e tornou-se herdeiro da justiça segundo a fé" (Hebreus 11:7). Abraão obedeceu quando recebeu a visão do Senhor: "Abrão partiu como o Senhor lhe havia ordenado" (Gênesis 12:4). Paulo obedeceu quando teve a visão celestial. "Portanto, ó rei Agripa, não fui desobediente à visão celestial. Pelo contrário, anunciei primeiramente aos que estão em Damasco, e depois em Jerusalém, e por toda a terra da Judeia e também aos gentios, que se arrependessem e se convertessem a Deus, praticando obras próprias de arrependimento" (Atos 26:19,20).

Para que igrejas locais sejam revitalizadas hoje, precisamos de uma liderança visionária. Pastores e líderes que estejam dispostos a trabalhar e pagar o preço da obediência à visão missionária. C. T. Studd disse: "Se Jesus Cristo é Deus e morreu por mim, então nenhum sacrifício em favor dele pode ser grande demais para mim". Quando a liderança encarna a missão, o povo segue os líderes. E, para que a visão espiritual seja revitalizada, precisamos de oração e de ação.

5

Revitalizando a missão

ARIVAL DIAS CASIMIRO

"Se Deus quer a evangelização do mundo, e você se recusa a apoiar as missões, então você se opõe à vontade de Deus" (Oswald J. Smith).

"A tarefa suprema da igreja é a evangelização do mundo. A igreja que deixa de ser evangelística em breve deixa de ser evangélica. Qualquer igreja que não está seriamente envolvida a ajudar cumprir a Grande Comissão perdeu o direito bíblico de existir" (Oswald J. Smith).

HARRY L. REEDER III apresenta em seu livro sobre revitalização de igrejas sete sintomas de uma igreja que está doente e necessita ser revitalizada: (1) igrejas doentes tendem a focalizar programas; (2) igrejas doentes vivem voltadas para o passado (nostalgia e tradição); (3) igrejas doentes tendem a se apoiar em certos tipos de personalidade, quer essas pessoas estejam na igreja ou não; (4) igrejas doentes possuem uma mentalidade de manutenção; (5) igrejas doentes apresentam justificativas para o fracasso e se colocam como vítimas; (6) igrejas doentes possuem má reputação na comunidade; (7) igrejas doentes se desviaram do evangelho da graça[19]. Ele propõe que para revitalizarmos igrejas doentes hoje, é preciso usar o paradigma bíblico apresentado por Jesus à igreja de Éfeso: "Tenho contra ti, porém, o fato de que deixaste o teu primeiro amor. Lembra-te, pois, de onde caíste, arrepende-te e volta às obras que praticavas no princípio. Se não te arrependeres, logo virei contra ti e tirarei o teu candelabro do seu lugar" (Apocalipse 2:4-5). A ênfase está nos três verbos: lembrar, arrepender e voltar.

> Portanto, se há uma igreja que foi das chamas para as brasas, das riquezas aos trapos, essa é a igreja de Éfeso. Mas Jesus não diz que a igreja estava sem esperança, nem que ela deveria ser fechada (embora, eventualmente, isso poderia acontecer, se as coisas não mudassem). Em vez disso, ele nos fornece um paradigma, um plano básico para a revitalização da igreja. Ele nos diz que um corpo de crentes pode impedir seu declínio e ir das brasas novamente para as chamas se sua liderança a ensinar simplesmente a lembrar-se, arrepender-se e recuperar. [20]

---

[19] REEDER III, Harry L. A revitalização da sua Igreja segundo Deus. São Paulo: Cultura Cristã. 2011, p. 11-18.
[20] Ibid, p. 27-28.

Vejo na proposta de H. L. Reeder dois aspectos que devem ser considerados: primeiro, ele procura oferecer um paradigma bíblico para a revitalização de igreja. Isto é algo precioso, considerando principalmente o seu contexto norte-americano, onde são oferecidos modelos empresariais, terapêuticos e de entretenimentos. Segundo, a sua proposta foi testada e aprovada no seu ministério. Ele aplicou o paradigma proposto em igrejas que pastoreou e obteve sucesso. Não se trata, portanto, de uma teoria sem a comprovação prática.

Após mais de vinte e cinco anos de ministério envolvido com evangelização, plantação e revitalização de igreja, concluo que a principal doença que mata uma igreja local é o seu desvio do foco missionário. Por isso, a tese que defendemos neste capítulo é que o principal sintoma de uma igreja doente é a sua omissão missionária. Igrejas que não obedecem à grande comissão estão enfermas e precisam ser curadas ou revitalizadas. A missão da igreja é a evangelização do mundo. "E disse-lhes: Ide por todo o mundo, e pregai o evangelho a toda criatura" (Marcos 16:15). Evangelizar o mundo é a missão espiritual, sobrenatural, intransferível, insubstituível e indispensável da igreja. Evangelizar é continuar a obra da salvação iniciada por Cristo: "Assim como o Pai me enviou, também eu vos envio" (João 20:21). Evangelizar é imprescindível para a concretização da História: "E este evangelho do reino será pregado pelo mundo inteiro, para testemunho a todas as nações, e então virá o fim" (Mateus 24:14). O reino de Deus acontece em três estágios: inauguração (primeira vinda de Jesus), continuação (missão da Igreja) e consumação (segunda vinda de Jesus). Evangelizar, portanto, não é uma opção para a igreja, mas uma obrigação a ser cumprida. A razão histórica da existência da igreja é o cumprimento da tarefa missionária. Logo, toda igreja local ou denominação evangélica que não cumpre a missão de evangelizar entra num processo de decadência e morre. Igreja que não evangeliza se fossiliza. Igreja que não evangeliza deixa de ser evangélica. A omissão missionária adoece e mata uma igreja.

A SÍNDROME DA IGREJA DE PORTA TRANCADA

Peter Pan é um personagem da literatura infantil, um menino que se recusa a crescer e vive no mundo encantado da Terra do Nunca. Em 1983, o psicólogo Dan Kiley publicou um livro sobre a existência da *Síndrome de Peter Pan*.[21] O termo foi utilizado para descrever adultos, na maioria homens, que apresentam comportamento infantil, imaturo e narcisista. São pessoas que se recusam a

---

[21] KILEY, Dan. *Síndrome de Peter Pan*. São Paulo: Editora Melhoramentos, 1987, 262 páginas.

crescer e a assumir responsabilidades de adultos. Há, no mundo eclesiástico, uma síndrome semelhante à de Peter Pan. Eu a chamo de *Síndrome da Porta Trancada*. Igrejas adultas que apresentam um comportamento imaturo e que se recusam a crescer. A característica principal do comportamento desta igreja é a sua omissão missionária ou a recusa de sair das quatro paredes para evangelizar e plantar novas igrejas. São igrejas novas e antigas que nunca geraram outras filhas. Igrejas estéreis que só pensam em si e vivem num narcisismo espiritual doentio. Igrejas que parecem viver no mundo encantado da Terra da Indiferença. A narrativa bíblica de João 20:19-21,25 oferece-nos alguns detalhes sobre a síndrome da porta trancada.

Primeiro, *o nome da síndrome*

João registra em sua narrativa: "Quando chegou a tarde daquele dia, o primeiro dia da semana, estando os discípulos reunidos com as portas trancadas por medo dos judeus, Jesus chegou, colocou-se no meio deles e disse-lhes: Paz seja convosco!" (João 20:19). Observe que a casa onde os discípulos estavam reunidos tinha as "portas trancadas". E certamente as portas estavam trancadas por dentro, revelando que a iniciativa de se fechar foi dos próprios discípulos. Eles não foram trancados, mas se trancaram. O motivo das portas estarem fechadas, segundo o texto, era o medo das autoridades judaicas. Podemos concluir também que a função das portas trancadas, tanto neste versículo quanto no 26, poderia ser para acentuar a natureza milagrosa do aparecimento de Jesus.[22] A natureza do corpo ressuscitado de Jesus era tangível, mas podia atravessar portas e paredes. Entendo, também, que é possível interpretar as portas fechadas como uma figura que descreve a condição espiritual daqueles irmãos que viviam uma crise espiritual causada pelo trauma da crucificação e morte de Jesus, e estavam decididos a não cumprir a grande comissão. Eles perderam o foco missionário e experimentaram uma crise de identidade. Estavam fechados para a evangelização do mundo e a plantação de igrejas.

Infelizmente, há muitas igrejas hoje que sofrem da mesma doença. Perderam a identidade e não sabem qual é a sua missão. São comunidades voltadas para si mesmas, que realizam ministério de manutenção.

No contexto do Novo Testamento, um dos significados para "porta aberta" é uma oportunidade de trabalho para pregar o evangelho. "Porque me foi aberta uma porta grande e promissora, e há muitos adversários" (1Coríntios 16:9). "Quando cheguei a Trôade para pregar o evangelho de

---

[22] CARSON, D.A. O Comentário de João. São Paulo: Shedd Publicações. 2007, p. 648.

Cristo, ainda que uma porta me tivesse sido aberta pelo Senhor" (2Coríntios 2:12). "...ao mesmo tempo orando também por nós, para que Deus nos abra uma porta para a palavra, a fim de anunciarmos o mistério de Cristo, pelo qual também estou preso, para que o revele como devo" (Colossenses 4:3,4). Na carta que Jesus escreveu para a igreja em Filadélfia, ele declara: "Escreve ao anjo da igreja em Filadélfia: Assim diz aquele que é santo, verdadeiro, o que tem a chave de Davi; o que abre e ninguém pode fechar, e o que fecha e ninguém pode abrir: conheço tuas obras, tenho posto diante de ti uma porta aberta que ninguém pode fechar; tens pouca força, mas guardaste a minha palavra e não negaste meu nome" (Apocalipse 3:7,8). Jesus deu à igreja de Filadélfia uma grande oportunidade de trabalho para pregação do evangelho e avanço do reino. E ele garante à igreja que a porta não se fecharia e que os irmãos receberiam a força divina necessária para realizar a tarefa.

Em síntese, uma igreja que não aproveita as oportunidades que Jesus lhe dá para pregação do evangelho sofre da *síndrome da porta fechada*. Esta igreja está doente e precisa ser revitalizada. Ela abandonou a missão principal da igreja, que é a proclamação do evangelho da graça de Deus. A verdadeira igreja de Jesus deve estar com a sua porta aberta para os de fora, realizando a obra missionária.

Segundo, *os sintomas de uma igreja que sofre da síndrome*

No domingo da ressurreição de Jesus, a sua igreja estava de portas trancadas (João 20:21). Uma semana depois, as portas continuavam fechadas (João 20:26). Sete dos onze discípulos de Jesus estavam dispostos a abandonar o apostolado e voltar à antiga profissão de pescadores (João 21:1-3). A igreja nascente vivia uma grande crise de identidade e de vocação. Mas por que os discípulos estavam com as portas trancadas? O texto nos dá algumas respostas.

(1) As portas estavam trancadas por causa do medo

Os discípulos estavam com medo dos judeus (v. 19). A palavra "medo" (*phobos*) significa que a igreja estava dominada pelo "terror" e pelo "temor". As autoridades judaicas mataram o líder Jesus e poderiam matar agora os seus seguidores. Os discípulos haviam esquecido o ensino de Jesus sobre a sua morte e ressurreição. Eles não viam o sacrifício de Jesus da perspectiva de Deus: "Por isso o Pai me ama, porque dou a minha vida para retomá-la. Ninguém a tira de mim, mas eu a dou espontaneamente. Tenho autoridade para dá-la e para retomá-la. Essa ordem recebi de meu Pai" (João 10:17,18). A obra de Jesus era um projeto de Deus, como mais tarde os primeiros cristãos entenderam (Atos 4:27,28).

Sabemos que o medo, positivamente, pode nos levar a buscar o Senhor (2Crônicas 20:3), mas, negativamente, o medo nos paralisa e nos atormenta (1João 4:18). O medo pode levar um cristão a enterrar o talento que Deus lhe deu (Mateus 25:25). O medo faz com que uma igreja se tranque entre quatro paredes e seja omissa com a obra missionária. Medo de sair, medo de pregar, medo de investir, medo de ser rejeitada, medo de sofrer, medo de pagar o preço da missão.

(2) AS PORTAS ESTAVAM TRANCADAS PORQUE ELES NÃO ESTAVAM EM COMUNHÃO COM O CRISTO RESSURRETO

Os discípulos estavam trancados porque não viram Jesus após a sua ressurreição. Eles não deram crédito ao testemunho de Maria Madalena. Para os discípulos, Jesus morrera e tudo estava acabado. Eles estavam tristes, angustiados e desiludidos. Teologicamente, sem a ressurreição de Jesus a justificação pela fé não aconteceu (Romanos 4:25), a fé é vã e todos permaneciam mortos em seus pecados (1Coríntios 15:17). Mas, Cristo estava vivo e a igreja vivia como se ele estivesse morto.

Uma igreja local pode se fechar até mesmo para Jesus. Numa igreja em que Jesus está ausente não há espaço para evangelização e plantação de novas igrejas. Uma igreja local que não mantém comunhão com Cristo perde todos os seus referenciais missionários e toda a sua fonte de produtividade espiritual. "Eu sou a videira;

vós sois os ramos. Quem permanece em mim e eu nele, esse dá muito fruto; porque sem mim nada podeis fazer" (João 15:5). A igreja de Laodiceia se autoavaliava como rica e abastada. Na avaliação de Jesus, porém, ela era uma igreja morna, infeliz, miserável, pobre, cega e nua. Ela precisava de revitalização espiritual. E a solução era abrir-se para Jesus: "Estou à porta e bato; se alguém ouvir a minha voz e abrir a porta, entrarei em sua casa e cearei com ele e ele comigo" (Apocalipse 3:20). Jesus estava do lado de fora e queria entrar na igreja que levava o seu nome. Ele desejava ter comunhão com os seus membros. Ele bate à porta dos corações usando as circunstâncias, e os convida por meio da sua Palavra.

(3) As portas estavam trancadas por causa da incredulidade

Jesus estava vivo, mas a igreja não acreditava. A incredulidade fecha a porta da igreja para Jesus e para a obra missionária. Os discípulos não creram no testemunho de Maria Madalena e nem no depoimento dos dois discípulos que viram Jesus na estrada para Emaús (Marcos 16:9-13). Os discípulos ficaram trancados e sentados à mesa. A narrativa de Marcos esclarece: "Por último, então, apareceu aos Onze, estando eles à mesa, e criticou-lhes a incredulidade e a dureza de coração, por não terem dado crédito aos que o haviam visto ressurreto" (Marcos 16:14). Duas palavras importantes:

primeira, "incredulidade" (*apistia*) significa "descrença", "ausência de fé" e "infidelidade ou desobediência". É a mesma palavra que Jesus usou quando advertiu Tomé: "Não sejas incrédulo, mas crente" (João 20:27). Segunda, "dureza de coração" (*sklerokardia*) significa "privação de percepção espiritual", "teimosia", "obstinação". Jesus usou esta palavra com respeito aos judeus no tempo de Moisés: "Jesus prosseguiu: Foi por causa da dureza do vosso coração que ele vos deu esse mandamento" (Marcos 10:5).

A incredulidade é pecado grave e ofensivo a Deus. Ela se expressa pela rejeição a Cristo, pela desobediência e rejeição da Palavra de Deus, pelo questionamento do poder de Deus e pela descrença nas promessas do Senhor. Igrejas locais que estão estagnadas e morrendo são igrejas incrédulas e duras de coração. Elas perderam o contato com Jesus e deixaram de experimentar "poder da ressurreição [de Cristo]" (Filipenses 3:10). Consequentemente, elas estão "sentadas à mesa", trancadas, desobedientes e insensíveis ao trabalho missionário e ao testemunho daqueles que estão envolvidos na obra.

(4) AS PORTAS ESTAVAM TRANCADAS PORQUE A LIDERANÇA PASSAVA POR UMA CRISE VOCACIONAL

Sete dos discípulos de Jesus estavam reunidos junto ao mar de Tiberíades: estavam juntos Simão Pedro, Tomé, chamado Dídimo, Natanael, que era de Caná da Galileia, os filhos de Zebedeu e mais dois dos seus discípulos (João 21:2). Havia no coração deles uma falta de perspectiva, mesmo depois do Jesus ressurreto ter aparecido a eles. Disse Pedro: "Vou pescar" (João 21:3). Pedro e os seus companheiros foram chamados por Deus para serem pescadores de homens. "Andando junto ao mar da Galileia, viu Simão e André, seu irmão. Eles estavam lançando as redes ao mar, pois eram pescadores. Disse-lhes Jesus: Vinde a mim, e eu vos tornarei pescadores de homens. Então, imediatamente, eles largaram as redes e o seguiram" (Marcos 1:16-19). Voltar a pescar peixes ou retornar à sua antiga profissão significava desistir de ser um pescador de homens. Os discípulos estavam desistindo da vocação para qual Jesus os havia chamado. Eles estavam doentes espiritualmente.

A visão missionária da liderança determina o envolvimento da igreja com a obra missionária. A participação dos membros da igreja com missões depende da visão dos líderes, pastores e oficiais. É fato: igrejas de "portas fechadas" são lideradas por pessoas que perderam o foco da missão. Há muitos pastores que realizam ministérios de manutenção, por conveniência pessoal. Alguns estão ocupados em seus projetos pessoais de formação acadêmica ou em outra atividade profissional. O mais grave é que os presbíteros que compõem o conselho da igreja aprovam este tipo de ministério, porque também lhes falta a visão missionária. Um amigo meu diz, com muita propriedade: "Quando o pastor se senta, os presbíteros se deitam". De fato, a crise vocacional é algo real e contagiante. Quando Pedro disse: "Vou pescar", imediatamente outros seis discípulos disseram: "Também nós vamos contigo". Pedro era um líder influente. E é muito mais fácil liderar para a desistência do que para a perseverança, para o pecado do que para a santificação, para a incredulidade do que para a fé. É muito mais cômodo fugir e desistir da missão do que se dedicar e pagar o preço da missão. Pedro se esqueceu de um detalhe: sem Jesus eles nada poderiam fazer (João 15:5). Por isso João registra: Então foram e entraram no barco, mas naquela noite nada apanharam (João 21:3). Todo o esforço que fizeram foi em vão. Deus não abençoa um filho que está vivendo na desobediência. Deus não abençoa um líder que despreza a sua vocação. Deus não abençoa uma igreja desobediente ao mandato missionário.

Resumindo, medo, falta de comunhão com Cristo, incredulidade e crise vocacional são sintomas de uma igreja adoecida pela síndrome da porta fechada.

TERCEIRO, *A CURA PARA SÍNDROME*

A síndrome da "porta fechada" é um câncer que pode matar uma igreja local. E nenhuma igreja está imune a ela. Jesus não quer a sua igreja fechada ou de portas trancadas. Ele quer a sua igreja de portas abertas, indo atrás dos pecadores. Ele quer o seu povo de volta à missão. E olhando para o que Jesus fez com a igreja em Jerusalém, descobrimos princípios bíblicos de revitalização de igrejas também aplicáveis hoje. O que Jesus fez no passado, para curar uma igreja de "porta fechada", ele pode fazer hoje. Ele nos ensina quatro princípios para trazer uma igreja local para o foco missionário:

(1) Precisamos conhecer a Jesus

A cura de uma igreja começa com Jesus. Ele vem ao encontro do seu rebanho enclausurado. Após a sua ressurreição e até a sua ascensão, Jesus não apareceu para os descrentes, mas somente para os seus: Maria Madalena (Marcos 16:9; João 20:11-18), às mulheres (Mateus 28:9,10), a Cleópas e seus companheiros (Lucas 24:13-35), a Simão (Lucas 24:34; 1Coríntios 15:15), aos discípulos exceto Tomé (João 20:19-23), aos discípulos com Tomé presente (João 20:24-29), aos sete junto ao mar de Tiberíades (João 21:1-14), aos quinhentos (1Coríntios 15:6; Mateus 28:16-20), a Tiago, irmão de Jesus (1Coríntios 15:7), aos onze do Monte das Oliveiras (Atos 1:4-12; Lucas 24:50,51). O verbo "manifestar" (*phaneros*) significa que Jesus apareceu (João 21:1,14) pessoal e exclusivamente aos seus amados.

Para vencer o medo, a intranquilidade, a incredulidade e as crises precisamos contemplar a Jesus. Necessitamos olhar para ele e ouvir a sua voz. A sua presença é indispensável para a sobrevivência espiritual da igreja. Por isso, quando Jesus se manifestou por dois domingos seguidos à igreja de porta trancada, ele lhe transmitiu três benefícios espirituais: (1) *Paz na intranquilidade.* "Paz seja convosco!" (João 20:19,26). A manifestação de Cristo à igreja vem acompanhada da sua paz. "Eu vos tenho dito essas coisas para que tenhais paz em mim. No mundo tereis tribulações; mas não vos desanimeis! Eu venci o mundo" (João 16:33). (2) *Alegria na tristeza.* "Os discípulos alegraram-se ao verem o Senhor" (João 20:20). A presença do Cristo vivo, na vida da sua igreja, converte toda tristeza em alegria. "Assim, também vós agora estais tristes; mas eu vos verei de novo, e o vosso coração se alegrará, e ninguém tirará a vossa alegria" (João 16:22). (3) Depois disse a Tomé: Coloca aqui o teu dedo e vê as minhas mãos. Estende a tua mão e coloca-a no meu lado. Não sejas incrédulo, mas crente!" (João 20:27). A presença de Jesus dissipa todas as nossas dúvidas e incredulidades.

O livro de Apocalipse foi escrito às sete igrejas que existiam na Ásia, mas qualquer cristão pode ser abençoado com a sua leitura hoje. O objetivo original do livro foi encorajar os cristãos e as igrejas locais que passavam por intensas perseguições no final do primeiro século. A essência do encorajamento é a revelação de Jesus Cristo aos seus servos. A ideia central do livro é que o povo de Deus precisa conhecer quem é Jesus. O livro foi escrito pelo apóstolo João a partir de uma experiência que teve com o Senhor Jesus: "Eu, João, vosso irmão e companheiro na tribulação, no reino e na perseverança em Jesus, estava na ilha de Patmos, por causa da palavra de Deus e do testemunho de Jesus. No dia do Senhor, eu me encontrei em espírito..." (Apocalipse 1:9,10). Ali João ouviu, viu e foi tocado por Jesus Cristo, ressurreto e glorificado, o qual lhe disse: "Não temas, eu sou o primeiro e o último. Eu sou o que vive; fui morto, mas agora estou aqui, vivo para todo sempre e tenho as chaves da morte e do inferno" (Apocalipse 1:17,18). Essa visão que João teve de Jesus é inteiramente distinta daquela que ele teve em Jerusalém, na casa de portas trancadas.

Nas sete cartas que Jesus escreveu às sete igrejas, ele ensina que cada igreja precisa conhecê-lo melhor. À igreja em Éfeso: "Assim diz aquele que tem as sete estrelas na mão direita e anda no meio dos sete candelabros de ouro" (Apocalipse 2:1). À igreja em Esmirna: "Estas coisas diz o Amém, a testemunha fiel e verdadeira, o princípio da criação de Deus" (Apocalipse 2:8). A igreja em Pérgamo: "Assim diz aquele que tem a espada afiada de dois gumes" (Apocalipse 2:12). À igreja em Tiatira: "Assim diz o Filho de Deus, que tem os olhos como uma

Revitalizando a missão

chama de fogo, e os pés semelhantes ao metal que brilha" (Apocalipse 2:18). À igreja em Sardes: "Assim diz aquele que tem os sete espíritos de Deus e as estrelas" (Apocalipse 3:1). À igreja em Filadélfia: "Assim diz aquele que é santo, verdadeiro, o que tem a chave de Davi; o que abre e ninguém pode fechar, e o que fecha e ninguém pode abrir" (Apocalipse 3:7). E à igreja em Laodiceia: "Estas coisas diz o Amém, a testemunha fiel e verdadeira, o princípio da criação de Deus" (Apocalipse 3:14).

Os tempos mudaram, mas a necessidade da igreja continua a mesma. Ela precisa de Jesus para viver. Somente ele é totalmente suficiente para suprir todas as necessidades da igreja. Somente ele é poderoso para manter o seu povo no foco missionário.

(2) Precisamos priorizar a missão

Sempre que Deus teve uma tarefa importante a cumprir, mandou alguém para fazer isso. Toda missão requer um remetente, um enviado, aqueles a quem este é enviado e uma atribuição. Jesus envia a igreja ao mundo para pregar a salvação. Ele comissionou a sua igreja em cinco diferentes ocasiões, em cinco diferentes endereços, em cinco configurações geográficas e com cinco ênfases diferentes. Em ordem cronológica, Jesus comissionou a sua igreja, na noite do dia da sua ressurreição: "Assim como o Pai me enviou, também eu vos envio" (João 20:21). Depois ele repete nos 39 dias até a sua ascensão: "E aproximando-se Jesus, falou-lhes: Toda autoridade me foi concedida no céu e na terra. Portanto, fazei discípulos de todas as nações, batizando-os em nome do Pai, e do Filho, e do Espírito Santo; ensinando-os a guardar todas as coisas que vos tenho ordenado. E eis que estou convosco todos os dias até a consumação do século" (Mateus 28:18-20). "E disse-lhes: Ide por todo o mundo, e pregai o evangelho a toda criatura" (Marcos 16:15). "Depois lhes disse: São estas as palavras que vos falei, estando ainda convosco: Era necessário que se cumprisse tudo o que estava escrito sobre mim na Lei de Moisés, nos Profetas e nos Salmos. Então lhes abriu o entendimento para compreenderem as Escrituras, e disse-lhes: Está escrito que o Cristo sofreria, e ao terceiro dia ressuscitaria dentre os mortos; e que em seu nome se pregaria o arrependimento para perdão dos pecados a todas as nações, começando por Jerusalém. Vós sois testemunhas dessas coisas. Envio sobre vós a promessa de meu Pai. Mas ficai na cidade, até que do alto sejais revestidos de poder (Lucas 24:44-49). E no dia da sua ascensão, Jesus disse: "Mas recebereis poder quando o Espírito Santo descer sobre vós; e sereis minhas testemunhas, tanto em Jerusalém como em toda a Judeia e Samaria, e até os confins da terra" (Atos 1:8).

Estes cinco textos compõem a *carta magna* missionária da igreja até a segunda vinda de Jesus Cristo. No texto de João, Jesus dá o modelo da missão: o trabalho missionário da igreja é a continuidade da missão de Deus. Assim como o Pai enviou o Filho, o Filho enviou os filhos do Pai. No texto de Marcos, Jesus dá a dimensão da missão: ir por todo mundo e pregar a toda criatura. No texto de Lucas, Jesus dá a mensagem da missão: pregar o evangelho segundo a Bíblia, enfatizando que Jesus é o Messias Salvador que pode perdoar e salvar a todo pecador que se arrepender dos seus pecados. No texto de Mateus, Jesus dá a estratégia da missão: sob a autoridade de Jesus, a igreja deve ir, discipular, batizar e ensinar pessoas de todas as nações da Terra. Isso inclui evangelismo, discipulado e plantação de igrejas. No texto de Atos, Jesus revela o poder da missão: o poder do Espírito Santo. O trabalho humano com fins espirituais só será bem-sucedido pelo poder divino e sobrenatural do Espírito.

(3) Precisamos buscar o poder do Espírito Santo

O Espírito Santo é o executivo da obra missionária[23]. Missões só podem ser realizadas de acordo com Deus e segundo a Bíblia se o Espírito Santo estiver no comando. A obra missionária não existe sem o Espírito Santo. O evangelho de João traz um significativo ensino acerca da pessoa e obra do Espírito Santo. Identificamos as

---

[23] Apresento no livro *Plante Igrejas: princípios bíblicos para plantação e revitalização de igrejas* um estudo sobre o Espírito Santo em Atos dos Apóstolos. Ele é o executor da obra missionária.

seguintes passagens: (a) O Espírito identifica Jesus como o Filho de Deus e como o Messias, o Ungido por Deus – João 1:32-34, 3:33-34. (b) O Espírito é quem produz a regeneração ou o novo nascimento – João 3:5-8. (3) O Espírito é quem promove a verdadeira adoração – João 4:23-24. (4) O Espírito é quem dá a vida – João 6:63. (4) O Espírito só poderá vir depois que Cristo for glorificado – João 7:39. (5) O Espírito é apresentado por Jesus no discurso de despedida, como a outra pessoa da Trindade – João 14:16-18, 25-25; 15:26-27; 16:7-15. Jesus o apresenta com três nomes: o Espírito da Verdade (João 14:17; 15:26 e 16:13), o Espírito Santo (João 1:33; 14:26; 20:22) e o Consolador (João 14:16,26; 15:26; 16:7). A última referência de Jesus acerca do Espírito em João foi para curar a igreja da síndrome da porta trancada: "E, havendo dito isso, soprou sobre eles e disse-lhes: Recebei o Espírito Santo" (João 20:22). Este ato de Jesus se concretizou alguns dias adiante, quando o Espírito foi dado definitivamente à igreja, no Pentecostes (Atos 2:1-4). Com certeza o derramamento do Espírito foi a terceira grande intervenção de Deus na História depois da criação e da encarnação.

Olhando para a realidade da maioria das nossas igrejas locais hoje, omissas à obra missionária, reconhecemos a necessidade urgente de um avivamento. Precisamos experimentar o poder e a plenitude da sua presença. Ele está conosco, mas entristecido. Ele habita em nós, mas impedimos e apagamos a sua ação com os nossos pecados. Ele é Senhor, mas resistimos ao seu senhorio, fazendo sempre a nossa vontade. Pois quanto mais vazios do Espírito, mais trancados para a obra missionária. Há uma relação entre a plenitude do Espírito e a pregação ousada do evangelho. Igrejas missionárias são igrejas que buscam o poder do Espírito, para pregar o evangelho: "E, quando terminaram de orar, o lugar em que estavam reunidos tremeu. Todos ficaram cheios do Espírito Santo e passaram a anunciar com coragem a palavra de Deus" (Atos 4:31).

Somente a igreja, sob a autoridade de Jesus e no poder do Espírito está autorizada a levar a mensagem do perdão divino. Jesus disse aos discípulos: "Se perdoardes os pecados de alguém, serão perdoados; se os retiverdes, serão retidos" (João 20:23). Somente Deus pode perdoar pecados (Marcos 2:7) e somente a igreja pode declarar ao que crer em Jesus que os seus pecados estão perdoados (Mateus 16:19). Trata-se de uma missão exclusiva e intransferível.

(4) Precisamos de restauração vocacional

A crise da omissão missionária relaciona-se com a vida espiritual da liderança e da sua consciência vocacional. Missões acontecem a partir do coração dos líderes. Ronaldo Lidório desafia pastores e líderes a experimentar um verdadeiro avivamento missionário, a partir de quatro princípios: o caráter precede a missão, a vida autêntica mantém a visão, a obediência determina o avanço e o sacrifício evidencia a convicção do chamado:

> Trocamos a simplicidade do evangelho pela complexidade da insaciável busca por bens, títulos, posses e reconhecimento público, em um vicioso círculo sem fim. Esquecemo-nos de que a vida que satisfaz a Deus deve ser vivida com simplicidade, como foi a de Jesus, gastando tempo com pessoas, discipulando quem estava próximo, tirando tempo para orar, falando incansavelmente do Pai. [24]

Jesus quer restaurar a vocação de Pedro. E ele chama Pedro para uma conversa particular. Na conversa com Pedro, Jesus nos ensina algumas lições:

- ***O amor a Jesus é a razão e a motivação do ministério pastoral (v. 15-17).***

Jesus pergunta três vezes a Pedro sobre o amor que este sentia pelo Senhor. O objetivo de Jesus era mostrar para Pedro a fragilidade e a inconstância do amor que sentimos por ele. Mas, apesar do amor defeituoso, devemos servi-lo por amor. E Pedro aprende que

---

[24] LIDÓRIO, Ronaldo. *Restaurando o ardor missionário*. Rio de Janeiro: CPAD, 2006.

quem ama a Jesus deve cuidar dos amados do Senhor. A restauração da vocação é a revitalização do amor que devemos sentir por Jesus.

- ***O ministério é dirigido pelo Senhor (v. 18).***

Jesus usa um exemplo comum de uma pessoa quando fica idosa: "Em verdade, em verdade te digo que, quando eras mais moço, te vestias a ti mesmo e andavas por onde querias. Mas, quando fores velho, estenderás as mãos e outro te vestirá e te levará para onde não queres ir" (João 21:18). A lição de Jesus é simples e objetiva: Deus é quem dirige a vida dos seus servos e ministros. Pedro foi dirigido por Deus a pregar no Ponto, na Galácia, Bitínia e Capadócia e, por último, em Roma, onde acredita-se ter sido ele crucificado de cabeça para baixo, tendo ele mesmo pedido para morrer assim. Até a maneira como Pedro morreu foi determinada pelo Senhor.

- ***No ministério devemos seguir a Jesus (v. 19)***

Depois de falar isto, Jesus disse a Pedro: "Siga-me. Não volte a pescar peixes, mas retome o seu trabalho de pescador de homens". "Segue-me" significa "olhe para mim" e continue o trabalho para o qual eu o chamei. Trata-se de uma ordem de Jesus. William Hendriksen comenta: "Seja meu discípulo e meu apóstolo, e nessa função siga-me no serviço, no sofrimento e mesmo o martírio, por amor a mim"[25]. Foi um chamado renovado ao discipulado e aos deveres apostólicos.

- ***Deus tem um projeto específico para cada líder (v. 20-23)***

Pedro queria se intrometer na vida e no ministério de João. "Ao vê-lo, Pedro perguntou a Jesus: Senhor, o que acontecerá a ele? Jesus lhe respondeu: Se eu quiser que ele fique até que eu venha, que te importa? Segue-me tu!". O trabalho de Pedro era seguir a Jesus e não se intrometer na vida de outros seguidores. A curiosidade sobre o ministério dos outros muitas vezes atrapalha o cumprimento das nossas obrigações ministeriais. Quanta coisa poderia ser feita na igreja se não nos preocupássemos com quem levará o crédito!

Concluo este capítulo dizendo que só há duas opções para a igreja: ser uma igreja de portas trancadas ou de portas abertas. Jesus quer que saiamos das quatro paredes e nos levantemos dos bancos das nossas igrejas para fazer a obra missionária. Lembre-se que o melhor remédio para uma igreja doente é colocá-la na dieta missionária.

---

[25] HENDRIKSEN, Willian. *Comentário de João*. São Paulo: Editora Cultura Cristã. 2004, p. 456.

6

Revitalizando a visitação

ARIVAL DIAS CASIMIRO

"Somente a visitação faz o pastor adquirir o conhecimento direto e imediato do rebanho. Ela abre portas fechadas, ilumina necessidades ocultas, destrói resistências e aumenta a consciência pastoral" (Thomas C. Oden).

"A visitação celebra a amizade humana, à luz da amizade divina" (Thomas C. Oden).

IGREJAS LOCAIS MORREM. Para Aubrey Malphurs, igrejas morrem porque cada uma tem o seu ciclo natural de vida: nasce, cresce, chega ao ápice, declina e morre.[26] Para Mac Brunson e Ergun Caner, igrejas morrem por causa de doenças espirituais. Assim como um

---

[26] MALPHURS, Aubrey. *Planting growing churches for the 21st century: a comprehensive guide for new churches and those desiring renewal.* Grand Rapids, Michigan: Baker Books. 2004, p. 33

determinado veneno pode matar uma pessoa, há venenos letais que podem matar internamente uma igreja. Por isso é necessário que façamos a autópsia das igrejas que já morreram e a biópsia daquelas que estão morrendo, pois precisamos diagnosticar os venenos letais que mataram ou estão matando igrejas locais.[27]

Diagnosticar as causas que levam à morte de uma igreja não é uma tarefa tão simples. Existem causas que são facilmente identificáveis. Há, porém, causas secretas, que somente o Dono da igreja conhece de fato. Jesus disse a cada igreja do Apocalipse: "Conheço tuas obras" (Apocalipse 2:2,9,13,19; 3:1,8,15). E ele conhecia mesmo! Somente ele pode fazer o diagnóstico verdadeiro de uma igreja. Somente ele conhece verdadeiramente a saúde espiritual de uma igreja local. Somente ele pode abrir (vida) e fechar (morte) a porta de uma igreja local. Ele adverte a igreja de Sardes: "Conheço tuas obras, tens fama de estar vivo, mas estás morto" (Apocalipse 3:1). Na avaliação de Jesus, apesar da aparência externa exuberante, a igreja de Sardes estava espiritualmente doente e apática. Infelizmente,

---

[27] Mac Brunson e Ergun Caner publicaram em 2005, pela Broadman & Holman Books, o livro: ***"Por que igrejas morrem? Diagnóstico de venenos letais no corpo de Cristo"***. Eles apresentam uma série de doenças espirituais que podem matar uma igreja. Eles usam terminologias médicas (atrofia, miopia, arteriosclerose, transtorno obsessivo compulsivo, fobias, anorexia, bulimia e hipocondria) para descrever as doenças espirituais de uma igreja.

aquela igreja não se arrependeu e, historicamente, deixou de existir.

Com temor e autocrítica, afirmo que a ausência de cuidado pastoral é uma das causas identificáveis na morte de muitas igrejas hoje. Onde não há pastoreio fiel, há luto. De todas as metáforas bíblicas usadas para descrever a liderança espiritual, a mais adequada é a do pastor (Atos 20:29; 1Pedro 5:1-3). Cabe ao pastor e aos líderes a tarefa de cuidar do rebanho, dando-lhe alimentação adequada, proteção espiritual e direção segura. Para fazer isso, os líderes precisam visitar as ovelhas e conhecer as suas necessidades: "Procura saber do estado das tuas ovelhas e cuida bem dos teus rebanhos" (Provérbios 27:23). O ponto de partida do pastoreio eficaz é a visitação. O trabalho de visitação deve ser visto como mordomia: "Obedecei a vossos líderes, sendo-lhes submissos, pois eles estão cuidando de vós, como quem há de prestar contas; para que o façam com alegria e não gemendo, pois isso não vos seria útil" (Hebreus 13:17). Os líderes prestarão contas ao Supremo Pastor das ovelhas que lhes foram dadas para pastorear.

A revitalização de uma igreja exige a implementação de um programa de visitação. O objetivo deste capítulo é motivar a liderança a realizar um programa de visitação para a igreja, com o objetivo de restaurá-la espiritualmente.

O CONCEITO TEOLÓGICO DE VISITAÇÃO

Na língua portuguesa, "visitação" é "o ato ou o efeito de visitar". No hebraico, a palavra principal para "visitar" (*pakad*) significa "prestar atenção, lembrar, observar, procurar" com a intenção de fazer algo (Salmos 8:4; 1Samuel 15:2; Isaías 26:16). No grego, a palavra "visitar" (*episkeptomai: epi + skopos = inspecionar para fora*) aparece 11 vezes no Novo Testamento, e denota a ideia de "inspeção", "exame", "olhar com cuidado", "olhar com o fim de ajudar" (Mateus 25:36 e 43; Lucas 1:68, 78; 7:16; Atos 7:23; 15:14,36; Hebreus 2:6; Tiago 1:27). Outro sentido é o de "olhar para fora, escolher, selecionar, contratar" (Atos 6:3). Há três ideias básicas relacionadas ao significado da palavra "visitar": (1) contato pessoal – ir até a pessoa necessitada; (2) exame pessoal: olhar e conhecer as necessidades da pessoa visitada; (3) préstimo pessoal: suprir as suas necessidades. Asafe resume bem este conceito quando pede: "Ó Deus dos Exércitos, volta-te, nós te rogamos, olha do céu, e vê, e visita esta vinha" (Salmos 80:14)

A partir desses significados etimológicos e do ensino bíblico, formulamos quatro princípios básicos da teologia da visitação.

PRIMEIRO, DEUS É O AUTOR DA VISITAÇÃO

O conceito teológico de visitação fundamenta-se no ato de Deus visitar o seu povo com o intuito de abençoá-lo.

Do Éden até o Calvário, a visitação foi o método de Deus se revelar ao homem. No Antigo Testamento, Deus visitou os filhos da aliança. Ele visitou a família de Abraão, no sentido de abençoá-la com um filho: "O Senhor visitou Sara, conforme havia falado, e fez-lhe como havia prometido. Sara engravidou e deu um filho a Abraão em sua velhice, no tempo determinado, sobre o qual Deus lhe havia falado" (Gênesis 21:1,2). Ele visitou uma mulher estéril e a fez alegre mãe de filhos. Foi o que aconteceu com Ana: "O Senhor visitou Ana, e ela engravidou. E teve três filhos e duas filhas. Enquanto isso, o menino Samuel crescia diante do Senhor" (1Samuel 2:21).

Outro sentido é que Deus visita o seu povo com boas colheitas: "Quando Noemi ouviu falar que o Senhor havia visitado o seu povo, dando-lhe alimento, decidiu deixar a terra de Moabe e voltar com as noras para a sua terra" (Rute 1:6). Por isso Deus deve ser louvado pelo seu povo, como sugere o salmista: "Ó Deus, a ti se deve o louvor em Sião; e a ti se cumprirão os votos. Visitas a terra e a regas; tu a enriqueces com fartura; as águas do rio de Deus transbordam. Tu preparas o cereal, pois assim tens ordenado" (Salmos 65:1,9).

Visitar é lembrar-se de alguém necessitado ou inferior. Ao refletir sobre a grandeza de Deus, o salmista pergunta: "Que é o homem, para que te lembres dele? E o filho do homem, para que o visites?" (Salmos 8:4). Visitar é trazer uma pessoa na memória e no coração.

Visitar é lembrar-se de alguém que precisa. O salmista Davi diz: "Senhor, lembra-te de mim, quando agires em favor do teu povo; visita-me com tua salvação" (Salmos 106:4). Trata-se da visitação divina com o propósito de libertar alguém da opressão ou da escravidão. "José disse a seus irmãos: Estou para morrer, mas Deus certamente vos visitará e vos fará subir desta terra para a terra que jurou a Abraão, a Isaque e a Jacó. E José fez os israelitas jurarem, dizendo: Certamente Deus vos visitará e fareis transportar daqui os meus ossos" (Gênesis 50:24,25). A ideia se repete aos cativos da Babilônia, na época de Jeremias: "Porque assim diz o Senhor: Quando se completarem os setenta anos designados para a Babilônia, virei a vós e cumprirei a minha boa palavra a vosso respeito e vos trarei de volta a este lugar" (Jeremias 29:10).

Há também a visitação divina com o objetivo de julgar e condenar o homem. Deus disse a Moisés: "Agora vai e conduze esse povo para o lugar sobre o qual te falei. O meu anjo irá na tua frente; mas no dia da minha visitação, eu os castigarei por seu pecado" (Êxodo 32:34). O seu objetivo é punir os idólatras de Israel. Mais adiante, Deus fala sobre o juízo sobre os casamentos ilícitos e as uniões abomináveis. "E eu castigo o pecado da terra porque está contaminada, e a terra vomita seus habitantes" (Levítico 18:25). Deus não inocenta o culpado.

Segundo, Deus encarregou os líderes de apascentar o seu povo

Deus é o Pastor do seu povo. "Eu mesmo cuidarei das minhas ovelhas e as farei repousar, diz o Senhor Deus" (Ezequiel 34:15). Ele pastoreia as suas ovelhas por intermédio de pastores humanos que ele chama e os envia. Mas, quando os pastores negligenciam a sua tarefa, o rebanho sofre e as ovelhas se dispersam. Em contraste com Deus, os pastores humanos são estúpidos (Jeremias 10:21), destruidores (Jeremias 23:1), relapsos (Jeremias 50:6), egoístas (Ezequiel 34:2) e inúteis (Zacarias 11:17) no cuidado que deveriam ter com o rebanho de Deus.

O profeta Ezequiel, a mando de Deus, profetizou contra os pastores ou líderes de Israel: "Assim diz o Senhor Deus: Ai dos pastores de Israel, que cuidam de si mesmos! Não devem os pastores cuidar das ovelhas? Comeis a gordura e vos vestis da lá; matais o animal engordado; mas não cuidais das ovelhas" (Ezequiel 34:2,3). Deus acusa aos pastores que ele mesmo enviou de não apascentarem as ovelhas, mas a si mesmos. Reis e oficiais eram chamados de "pastores" (Salmos 78:70-72; Isaías 56:10,11). Eles tinham a responsabilidade de cuidar do povo, protegê-lo e providenciar o suprimento das suas necessidades. Mas eles pecavam por ação e por omissão: "Não fortalecestes a fraca, não curastes a doente, não enfaixastes a ferida, não fostes procurar a desgarrada e não buscastes a perdida; mas dominais sobre elas com rigor e dureza" (Ezequiel 34:4). É tarefa dos líderes fortalecer, curar, ligar, agregar e buscar as ovelhas. Não é possível cumprir essas tarefas sem o trabalho da visitação. E a censura divina é que os pastores não foram atrás das ovelhas necessitadas. As consequências para o rebanho foram destruidoras: as ovelhas se espalharam, se desgarraram e se tornaram pastos para todas as feras dos campos (Ezequiel 34:5-9). Por causa do egoísmo dos líderes, o povo foi prejudicado.

A visitação pastoral, de casa em casa, é imprescindível no processo de revitalização de uma igreja local. Quando uma igreja está estagnada e em processo de decadência, os seus membros remanescentes precisam de cuidado pastoral. E a visita do pastor é a maior demonstração de amor que uma ovelha pode e precisa receber do seu pastor, nessa hora. O pastor precisa ir atrás das ovelhas feridas, fracas, desanimadas e desviadas com a intenção de recuperá-las espiritualmente. O trabalho deve ser feito individualmente ou por família, até que todo rebanho seja alcançado. Trata-se de um trabalho pastoral intransferível e inadiável.

A negligência da visitação pastoral é uma das causas principais da decadência espiritual de uma igreja local. Nada substitui a visitação pastoral. Na necessidade, a ovelha quer e precisa da presença do seu pastor.

A iniciativa da visita deve ser do pastor, que deve ir ao encontro da ovelha, mesmo que esta não o solicite. A palavra latina para "visita" significa "ir". O pastor é um visitador por excelência, isto é, alguém que vai ao encontro de outra pessoa com o objetivo de ajudá-la. E-mail, telefonema, ou qualquer outro tipo de comunicação virtual não substitui a visita pastoral. Atendimento no escritório pastoral não substitui a visitação. A oração intercessória e a pregação não anulam a necessidade da visitação.

Infelizmente, a visitação não faz parte da agenda de muitos pastores e de muitas igrejas hoje. Observamos que as igrejas que estão estagnadas ou diminuindo perecem pela ausência de visitação pastoral ou pela inexistência de um ministério de visitação. Mas, se quisermos revitalizar uma igreja, precisamos elaborar um plano sistemático e contínuo de visitação, liderado e coordenado pelo pastor, envolvendo os líderes da igreja, principalmente os presbíteros e diáconos. Todas as famílias da igreja precisam ser visitadas intencionalmente.

TERCEIRO, JESUS ENCARNOU E COMISSIONOU A VISITAÇÃO

O ápice da visitação divina foi quando Jesus se fez homem e habitou entre nós. Ele é a encarnação divina da visitação. Ele é Deus nos visitando pessoalmente. Zacarias, cheio do Espírito Santo, cantou: "Bendito seja o Senhor, Deus de Israel, porque visitou e libertou seu povo" (Lucas 1:68). O objetivo da encarnação e da visita de Jesus a este mundo foi promover a redenção do seu povo. Ele nos visitou para nos redimir. O evangelho de Jesus Cristo é Deus visitando o seu povo com o propósito de salvá-lo. A visitação indica que Jesus veio ao mundo para pregar boas novas aos perdidos, curar os quebrantados de coração, libertar os cativos e consolar todos os que choram. Ele veio para "os doentes". Por isso, quando Jesus ressuscitou o filho único da viúva de Naim, o povo exclamou: "Um grande profeta se levantou entre nós; e: Deus visitou o seu povo" (Lucas 7:16).

Jesus assumiu a sua condição de pastor. Em todo o capítulo de João 10, ele ensina: "Eu sou o bom pastor" (João 10:11). O adjetivo grego "bom" (*kalós*) significa "maravilhoso" e "excelente", tanto em seu caráter como em sua obra. Jesus é o bom pastor no sentido de um modelo ideal de perfeição. Ele é único em sua categoria. O oposto do bom pastor são os fariseus dos dias de Jesus e os falsos líderes espirituais que existem até hoje. Eles são inimigos das ovelhas. Jesus os chama de "ladrões e salteadores" (v. 1,8), "estranhos" (v. 5) e "mercenários" (v. 12-13). Eles não conhecem as ovelhas, eles não amam as ovelhas, eles roubam as ovelhas e eles abandonam as ovelhas no momento em que elas mais precisam. Jesus é o bom pastor. E a prova da sua excelência é que ele dá a sua vida pelas suas ovelhas: "O bom pastor dá a vida pelas ovelhas" (v. 11). Podemos resumir o ensino sobre o maravilhoso pastor e as suas ovelhas com a seguinte pergunta: o que o bom Pastor dá às suas ovelhas? A sua própria vida (v. 11), a salvação (v. 9), o alimento (v. 9), a liberdade (v. 9) a vida abundante (v. 10), a existência de um único rebanho sob sua proteção e direção (v. 16), a vida eterna (v. 28) e a segurança eterna (v. 29).

A visitação foi o método usado por Jesus, o Bom Pastor, durante o seu ministério aqui na terra. Ele percorria todas as cidades e povoados, ensinando, pregando e curando as pessoas. "Jesus percorria todas as cidades e povoados, ensinando nas sinagogas, pregando o evangelho do reino e curando todo tipo de doenças e enfermidades" (Mateus 9:35). Ele visitou muitos lares levando a salvação: "Disse-lhe Jesus: Hoje a salvação chegou a esta casa, pois este homem também é filho de Abraão" (Lucas 19:9). Nas casas, Jesus realizou milagres, participou de jantares e hospedou-se com seus amigos. Ele treinou os seus discípulos, enviando-os de dois em dois, de casa em casa, para anunciar a chegada do reino de Deus. E a recomendação foi: "Em qualquer casa em que entrardes, dizei primeiro: A paz esteja nesta casa!" (Lucas 10:5).

Seguindo o exemplo de Jesus, os apóstolos e missionários também praticaram a visitação. Paulo e Barnabé são exemplos disso: "Decorridos alguns dias, Paulo disse a Barnabé: Vamos visitar os irmãos em todas as cidades onde anunciamos a palavra do Senhor, para ver como estão" (Atos 15:36). Eles são os visitadores enviados pela igreja de Antioquia não apenas para pregar, mas para visitar e cuidar de pessoas. Os irmãos recém-convertidos, que haviam sido evangelizados na primeira viagem, são as pessoas que foram visitadas. E o objetivo da visita dos missionários aos novos convertidos é "para ver como passam". Havia uma preocupação pastoral quanto ao estado espiritual dos novos irmãos. Eles precisavam de fortalecimento e encorajamento: "E, depois de anunciar o evangelho naquela cidade e de fazer muitos discípulos, voltaram para Listra, Icônio e Antioquia, renovando o ânimo dos discípulos, exortando-os a perseverar na fé, dizendo que em meio a muitas tribulações nos é necessário entrar no reino de Deus" (Atos 14:21,22).

Quarto, todo cristão deve ser um visitador

Todos os crentes precisam visitar e cuidar uns dos outros. Paulo escreveu à igreja de Tessalônica: "Irmãos, nós também vos exortamos a aconselhar os indisciplinados, consolar os desanimados, amparar os fracos e ter paciência para com todos" (1Tessalonicenses 5:14). Ele declara que há na igreja três grupos que precisam de uma atenção especial: os insubmissos ou os que vivem desordenadamente (2Tessalonicenses 3:10,11);

os desanimados (alma pequena) ou desalentados espiritualmente (Isaías 35:4); e os fracos, aqueles que sofrem de debilidades físicas (Mateus 25:39,43), morais e espirituais (Romanos 5:6; 14:1; 1Coríntios 11:30). Ele esclarece que a obrigação de admoestar, consolar e amparar estes três grupos é de toda a igreja. Esta tarefa exigirá longanimidade ou paciência por parte de todos.

Há, no Novo Testamento, outros textos que responsabilizam individualmente o cristão a praticar a visitação. Primeiro, devemos visitar como expressão de gratidão e adoração a Deus. Tiago escreve acerca da religião: "Se alguém se considera religioso e não refreia sua língua, engana seu coração, e sua religião é inútil. A religião pura e imaculada diante do nosso Deus e Pai é esta: visitar os órfãos e as viúvas nas suas dificuldades e não se deixar contaminar pelo mundo". (Tiago 1:26,27). A religião verdadeira (grego *threskeia*) envolve o refrear da língua, a visitação aos necessitados e a santificação pessoal. O trabalho de visitar os órfãos e as viúvas em situação de crise e aflição é um ato ou um sacrifício de adoração a Deus. Nenhum ritual litúrgico, nenhum templo majestoso, nenhuma grande oferta em dinheiro substitui o serviço aos pobres e necessitados. Visitar significa ir atrás com o objetivo de ajudar e proteger. Esse papel é realizado pelo próprio Deus, conforme o ensino bíblico. É o Senhor quem faz justiça ao órfão e à viúva, dando-lhes pão e vestes. Ele é o Pai dos órfãos e juiz das viúvas (Salmos 68:5; 146:9). Logo, a melhor maneira de adorarmos a Deus é irmos ao encontro desses irmãos atribulados, com o objetivo de suprir-lhes as necessidades.

O que Tiago condena já havia sido condenado pelos profetas no Antigo Testamento: o ritual litúrgico desassociado da prática da justiça e da misericórdia com o próximo:

> Com que me apresentarei diante do Senhor e me prostrarei diante do Deus excelso? Devo apresentar-me diante dele com sacrifícios, com bezerros de um ano? O Senhor se agradaria com milhares de carneiros, ou com dez mil ribeiros de azeite? Darei o meu primogênito pela minha transgressão, o fruto do meu corpo pelo meu pecado? Ó homem, ele te declarou o que é bom. Por acaso o Senhor exige de ti alguma coisa além disto: que pratiques a justiça, ames a misericórdia e andes em humildade com o teu Deus?" (Malaquias 6:6-8).

Deus quer que o adoremos por intermédio da prática da justiça, do amor à misericórdia e do andar humildemente com ele.

Segundo, devemos visitar para podermos cumprir os mandamentos mútuos. O Novo Testamento nos dá vários mandamentos para nutrir e preservar a nossa comunhão uns com os outros. Deus quer que cuidemos

Revitalizando a visitação

uns dos outros, através de várias ações: amai-vos uns aos outros, acolhei-vos uns aos outros, consolai-vos ou encorajai-vos uns aos outros, admoestai-vos uns aos outros, suportai-vos uns aos outros, perdoai-vos uns aos outros, sujeitai-vos uns aos outros, edificai-vos uns aos outros, levai as cargas uns dos outros, confessai os vossos pecados uns aos outros, orai uns pelo outros, considerai-vos uns aos outros, servi uns aos outros e saudai-vos uns aos outros.

Nenhum desses mandamentos poderá ser cumprido sem a "visitação". Em todos eles está implícito o ato de visitar. Lembre-se das três ideias básicas relacionadas ao conceito da visitação: contato pessoal – ir até a pessoa necessitada; exame pessoal: olhar e conhecer as necessidades da pessoa visitada; préstimo pessoal: suprir as suas necessidades.

Terceiro, devemos visitar porque seremos julgados por nossas ações e omissões. Aquele que sabe que deve fazer o bem e não o faz está pecando. Deus espera que seus filhos sigam o seu exemplo de visitador. Jesus ensina que no juízo final seremos julgados pelas nossas ações e omissões: "Porque tive fome, e me destes de comer; tive sede, e me destes de beber; era estrangeiro, e me acolhestes; precisei de roupas, e me vestistes; estive doente, e me visitastes; estava na prisão e fostes visitar-me" (Mateus 25:35,36). Deus julgará a nossa fé pelas nossas obras práticas.

OS ASPECTOS PRÁTICOS DA VISITAÇÃO

Precisamos resgatar o trabalho de visitação pastoral e motivar os irmãos à prática da visitação. Além das razões teológicas, há os aspectos práticos da visitação. Toda visita realizada possui três elementos importantes: edificação, evangelização e crescimento da igreja.

PRIMEIRO, A VISITAÇÃO É IMPORTANTE PARA O ENCORAJAMENTO ESPIRITUAL DOS CRENTES

Um dos objetivos da visita é o encorajamento espiritual. Todos os crentes precisam de encorajamento, independentemente do tempo de conversão. A palavra "encorajar" (grego = "parakaleo") significa "consolar", "animar", "exortar", "confortar", "incentivar" e "animar". Denota o ato de ficar ao lado de uma pessoa para encorajá-la enquanto estiver suportando as tragédias da vida e as duras provações espirituais. Por si mesmo, ninguém pode consolar outro. Mas, pela graça de Deus, todo cristão é um veiculo da consolação divina. Todo crente tem o dever de encorajar uns aos outros, a cada dia. "Irmãos, cuidado para que nunca se ache em qualquer um de vós um coração perverso e incrédulo, que vos desvie do Deus vivo; antes, exortai uns aos outros todos os dias, durante o tempo que se chama Hoje, para que nenhum de vós seja endurecido pelo engano do pecado" (Hebreus 3:12-13).

O pastor da igreja deve encorajar e receber encorajamento. José, a quem os apóstolos chamaram de Barnabé, é o referencial bíblico de um obreiro que encorajava. Barnabé significa "filho de exortação" ou "filho da consolação". Ele foi usado por Deus para encorajar pessoas, principalmente líderes. Paulo também orava a Deus pedindo uma oportunidade para visitar os irmãos em Roma, a fim de praticar o mútuo encorajamento (Romanos 1:10-12).

Todo pastor ou membro da igreja deve visitar com o objetivo de prestar auxílio espiritual. Animar os doentes, consolar os enlutados, encorajar os desanimados, recuperar os desviados, advertir os insubmissos, levantar os caídos e cultivar a comunhão. A tendência de um crente desanimado é deixar de vir à igreja, como aconteceu com os destinatários da carta aos Hebreus: "Não abandonemos a prática de nos reunir, como é costume de alguns, mas, pelo contrário, animemo-nos uns aos outros, quanto mais vedes que o Dia se aproxima" (Hebreus 10:25). Pratiquemos o encorajamento mútuo. Ajudemos as "ovelhas mancas" a recuperar o vigor espiritual: "Portanto, firmai as mãos cansadas e os joelhos vacilantes; endireitai os caminhos para os vossos pés, para que o manco não se desvie, mas, pelo contrário, seja curado" (Hebreus 12:12-13).

Segundo, a visitação é um eficiente método de evangelização

O melhor método de evangelização é ir às pessoas, onde elas estiverem. Não devemos esperar a pessoa vir, mas devemos ir atrás dela. Na parábola do semeador, Jesus diz: O semeador saiu a semear (Mateus 13:3). O sujeito da ação é o semeador que saiu atrás dos corações para lançar a sua semente. Na parábola da ovelha perdida, é o pastor que sai atrás daquela que se extraviou, com o objetivo de trazê-la de volta (Lucas 15:1-7). Na ordem missionária que Jesus deu à igreja, ele disse: "Ide por todo o mundo e pregai o evangelho a toda criatura" (Marcos 16:15). Precisamos visitar as pessoas com o objetivo de ganhá-las para Jesus. Todo crente deve gastar "a sola do seu sapato", batendo de "porta em porta", para falar de Jesus às pessoas. E a liderança deve ser exemplo de visitação. Paulo disse aos presbíteros de Éfeso: "Não me esquivei de vos anunciar nada que fosse benéfico, ensinando-vos publicamente e de casa em casa, testemunhando, tanto a judeus como a gregos, o arrependimento para com Deus e a fé em nosso Senhor Jesus [Cristo]" (Atos 20:20,21).

Terceiro, a visitação promove o crescimento da igreja

Um dos segredos para a plantação e a revitalização de uma igreja é a visitação. Onde há vida e crescimento, há trabalho de visitação. Há uma relação de causa e efeito entre visitação e crescimento. Quanto mais se visita, mais a igreja cresce. Quando Deus quer produzir o crescimento da sua igreja, ele põe a sua liderança e o seu povo para visitar.

Simão Pedro declara que a expansão da igreja primitiva entre os gentios aconteceu por causa da visitação do Senhor: "Simão relatou como primeiramente Deus foi ao encontro dos gentios para formar dentre eles um povo dedicado ao seu Nome" (Atos 15:14). Mas, como Deus visitou os gentios? A resposta está em Atos 10, quando Deus envia Pedro para visitar a casa de Cornélio e lhe anunciar o evangelho. Todos naquela casa ouviram a palavra, foram convertidos e receberam o Espírito Santo. Lição ensinada: Deus usa o ministério de visitação para salvar pessoas e promover o crescimento da igreja. Não há como negar, foi através do amplo ministério de visitação que a igreja primitiva cresceu.

UM PROGRAMA DE VISITAÇÃO PARA REVITALIZAR UMA IGREJA

Para revitalizar uma igreja que vive um ciclo de morte, é necessário implantar um programa sistemático de visitação. Sugerimos algumas ideias que devem constar num programa.

- **O programa deve ser coordenado pelo pastor ou pelo conselho da igreja.**

A responsabilidade de pastorear o rebanho é da liderança (Atos 20:28). O pastor ou o líder leigo é quem deve coordenar e supervisionar o programa de visitação.

- *O programa deve ser abrangente e seguido por toda a igreja.*

O propósito do programa de visitação é alcançar e envolver todos os membros da igreja. O programa deve ser único e deve recrutar visitadores de todos os ministérios e sociedades internas da igreja.

- *O programa deve ser intencional, e cada visita deve ser objetiva.*

Os visitadores receberão tarefas específicas, para visitar pessoas com objetivos previamente estabelecidos. Ele deve preparar corpo, mente e espírito para a visita. Ele deve avaliar os resultados da visita: A hora da visita foi apropriada? Apresentei o propósito da visita de maneira clara? A pessoa visitada gostou e foi beneficiada? Dependi do Espírito Santo? Consegui o meu objetivo? Serei bem recebido, se retornar?

- ***O programa precisa ser eficiente.***

O programa deve ter um dia semanal de visitação. Ele deve seguir uma agenda de visitação. É preciso que haja um cadastro atualizado das pessoas que serão visitadas. O programa deve oferecer treinamento e motivação para os visitadores. A cada visita, o visitador deve dar um relatório ao coordenador com as seguintes informações: dia da visita, pessoa visitada e necessidades identificadas (que foram ou precisam ser supridas).

No final do século passado, Thom Rainer realizou nos Estados Unidos, uma pesquisa em mais de 500 igrejas locais, que cresciam e tinham sucesso na evangelização[28]. O objetivo da pesquisa era identificar os elementos fundamentais do evangelismo eficaz destas igrejas. Rainer constatou que as igrejas mais eficazes são aquelas que investem na pregação expositiva, oração, visitação, investimento em missões e ensino da escola dominical. Pelo menos 60% das igrejas mostraram que a visitação aos lares é um método que dá grandes resultados.

Concluo dizendo que, por convicção bíblica e por experiência comprovada, a visitação é uma ferramenta eficaz na revitalização de uma igreja que está ressequida.

---

[28] RAINER, Thom S. *Effective evangelistic churches*. B & H Publishing Group, 1996.

Sua opinião é importante para nós.
Por gentileza, envie-nos seus comentários pelo e-mail:

editorial@hagnos.com.br

Visite nosso site:

www.hagnos.com.br